U0647778

四部要籍選刊·經部　蔣鵬翔　主編

阮刻周禮注疏

九

〔清〕阮元　校刻

浙江大學出版社

本册目録

卷三十九

冬官考工記第六 …… 二三一九

輪人 …… 二三四〇

輿人 …… 二三六四

校勘記 …… 二三七一

卷四十

輈人 …… 二三八九

築氏 …… 二四〇七

冶氏 …… 二四〇八

桃氏 …… 二四一三

鳧氏 …… 二四一五

㮚氏 …… 二四二一

段氏（闕） …… 二四二五

函人 …… 二四二六

鮑人 …… 二四二九

韗人 …… 二四三一

韋氏（闕） …… 二四三六

裘氏（闕） …… 二四三六

畫繢 …… 二四三六

鍾氏 …… 二四三九

筐人（闕） …… 二四四一

㡛氏 …… 二四四一

校勘記 …… 二四四五

卷四十一
玉人……二四六七
椰人（闕）……二四八二
雕人（闕）……二四八二
磬氏……二四八二
矢人……二四八四
陶人……二四八八
旊人……二四八九
梓人……二四九一
廬人……二五〇五
匠人……二五一一
校勘記……二五二七
卷四十二
匠人……二五四七
車人……二五六三
弓人……二五七一
校勘記……二五九九

附釋音周禮注疏卷第三十九

鄭氏注　賈公彥疏

冬官考工記第六。

陸曰鄭云此篇司空之官也司空篇亡漢興購千金不得此前世識其事者記録以備大數爾

疏 冬官考工記。釋曰鄭目録云象冬所立官也是官名司空者冬閉藏萬物天子立司空使掌邦事亦所以富立家使民無空者也司空之篇亡漢興購求千金不得此前世識其事者記録以備大數古周禮六篇畢矣古周禮六篇者天子所專秉以治天下諸侯不得用焉六官之記可見者堯育重黎之後羲和及其仲叔四子掌天地四時夏書亦云乃召六卿商周雖稍增改其職名六官之數則同矣。釋曰鄭義既然今按漢書藝文志云經禮三百威儀三千及周之衰諸侯將踰法度惡其害已皆滅去其籍孔子時而多不具故鄭注鄉飲酒云後世衰微幽厲尤甚禮樂之書稍稍廢棄孔子曰吾自衛反魯然後樂正雅頌各得其所謂當時在者而復重雜亂者也惡能存其亡者乎以此觀之冬官一篇其亡已久有人尊集舊典録此三十工以爲考工記雖不知其人又不知作在何日要知在於秦前是以得遺秦滅焚典籍韋氏裘氏等闕也故鄭云前世識其事者記録以備大數耳此記人所爲雖不同周禮體例亦爲序致首末相承總有七段明義從國有六職至謂之婦工言百工事重在六職之内也從越無鎛至夫人而能爲弓車言四國皆能其事不須置國工也從知者創物至此皆聖人所作言聖人刱物之意也從天有時至此天時也言材雖美工又有巧不得天時則不良也從攻木之工至陶旊言工之多少之數及工別所宜也從有虞氏至周人上與論四代所尚不同之事也從一器而工聚者者車爲多言專據周家所尚之事也

國有六職百工與居一焉

百工司空事官之屬於天地四時之職亦處其一也司空掌營城郭建都邑立社稷宗廟造宮室車服器械監百工者唐虞已上曰共工。與音預監古銜反上時掌反凡言以上放此共音恭

［疏］國有至一焉。釋曰此經與下文爲揔目云國有六職者謂國家之事有六種職掌就六職之中百工與居其一分六職即下云或坐而論道至治絲麻以成之是也。注百工至共工。釋曰云百工司空事官之屬者鄭據本而言按小宰職云六曰冬官其屬六十掌邦事此百工即其屬六十言百者舉大數耳但爲其篇亡故六

十之官不見記人以此三十工代之也言百即據全則三十工亦一也云於天地四時之職亦處其一也者記人本意以國有六職據此下文或坐而論道已下百工與居其一鄭以此爲本又以天地四時六職天官冢宰地官司徒之等官主百工亦居其一分云司空掌營城郭已下並此下文見有其事按匠人云營國方九里國中九緯城隅之等是營城郭郡城之制及井方一里之等是營都邑左祖右社是營社稷宗廟夏后氏世室殷人重屋之等是營室宮也車人云羊車柏車是營車也繪畫之事是營服也梓人陶人之等是營禮樂之器也治氏矢人弓人之等是營械械即兵器也故鄭依而言之也云監百工者唐虞以上曰共工者按大史公楚世家云共工作亂帝使重黎誅之又按舜典云帝曰疇若予工僉曰垂才帝曰俞咨垂汝共工是唐虞已上曰共工者也若然唐虞以上皆曰共工堯時暫爲司空是以尚書舜典二十八載後咨四岳欲置百揆僉曰伯禹作司空注云初堯冬官爲共工舜舉禹治水堯知有強法必有成功改命司空以官異之禹登百揆後更名共工是其事也

或坐而論道或作而行之或審曲面埶以飭五材以辨民器或通四方之珍

異以資之或飭力以長地財或治絲麻以成之言人德能事業之不同者也論道謂謀慮治國之政令也作起也辨猶具也資取也操也鄭司農云審曲面執審察五材曲直方面形執之宜以治之及陰陽之面背是也春秋傳曰天生五材民並用之謂金木水火土也故書資作齊杜子春云齊當爲資讀如冬資絺綌之資玄謂此五材金木皮玉土○執音勢飭音敕下同辨皮莧反具也注及下同長丁丈反下同操七曹反

疏 或坐至成之○釋曰此六者即上文之六職也此皆舉其事下文皆言其人以覆之○注言人至玉土○釋曰言人德者坐而論道是也言人能者作而行之是也言人之事審曲面執是也言人之業通四方珍異飭力以長地材治絲麻以成之三者是也云論道謂謀慮治國之政令此即尚書成王周官云立大師大傅大保茲惟三公論道經邦燮理陰陽是謀慮治國之政令使陰陽順敘也先鄭云審曲面執審察五材曲直方面形勢之宜以治之者謂若弓人夾弓庾弓往體多來體寡利射侯與弋鄭云射遠者用執若王弓弧弓往體寡來體多之類皆是審察五材曲直方面形勢之宜也云及陰陽之面背是也者謂若下云斬轂之道必矩其陰陽是記其陰陽之面背也云春秋傳曰

虞氏襄二十七年宋西門之盟欲弭諸侯之兵云天生五材民並用之廢一不可先鄭以五材金木水火土後鄭不從子春以資讀如冬資絺之資按越語云句踐會稽之上乃號令三軍有助寡人謀而退吳者吾與共知越國之政大夫鍾進對曰臣聞之賈人夏則資皮冬則資絺旱則資舟水則資車以待之夫雖無四方之憂然謀臣與爪牙之士不可不養今王既棲會稽之上然後乃求謀臣無乃後乎是其事也玄謂此五材金木皮玉土者言此以對彼之五材金木水火土若然玄○知有皮玉無水火者以百工定造器物之人水火單用不得爲器物故不取之知有皮玉者此三十工內函人爲甲韗人爲皐陶造鼓鮑人主治皮又有玉人之等故知有皮玉無水火者也

坐而論道謂之王公 天子諸侯〔疏〕注天子諸侯○釋曰以公爲諸侯者公君也諸侯是南面之君故知是諸侯也若然尚書三公云論道經邦燮理陰陽鄭不言者三公有成文不言可知故夏傳注云坐而論道謂之王公通職民無正官名是其義也

作而行之謂之士大夫 親受其職居其官也〔疏〕注親受至官也○釋曰此即設官分職治職教職之等是也

審曲面埶以飭五材以辨民

器謂之百工五材各有工言百衆言之也〔疏〕審曲至百工○釋曰審察之名用材之法皆須察審其曲直形勢然後飭五材○注五材至之也○釋曰按六官其屬止有六十五材各有工不過六十而已以是言百者衆言之也

通四方之珍異以資之謂之商旅商旅販賣之客也易曰至日商旅不行○販甫萬反〔疏〕注商旅至不行○釋曰按大宰九職注行曰商處曰賈商旅賈客也行商與處賈爲客此文無賈直云商旅商是販賣之人故云販賣之客也云易曰者復卦彖辭文也是一日之中商旅不行餘日即行是行曰商也

飭力以長地財謂之農夫三農受夫田也〔疏〕注三農受夫田也○釋曰飭勤也地財穀物皆是勤力以長地財謂之農夫按大宰云三農生九穀遂人云夫一廛田百畝是三農受夫田也

治絲麻以成之謂之婦功布帛婦官之事〔疏〕注布帛婦官之事○釋曰此記人所録衆工本擬亡篇六十而作唯篇○百工一事而已舉餘五者欲重此百工與五者爲類之意若然百工並是官餘五者或非官知然者王公及士大夫百工並官其商旅農夫婦功三者非官據九職而言三者皆

是出稅之色故大宰云三農生九穀商賈阜通貨賄嬪婦化治絲枲出稅以當九功也鄭云婦官據典婦功爲婦官此治絲麻者婦官所統攝故言婦官也

粵無鎛燕無函秦無廬胡無弓車此四國者不置是工也鎛田器詩云庤乃錢鎛又曰其鎛斯趙鄭司農云函讀如國君含垢之含函鎧也孟子曰矢人豈不仁於函人哉矢人唯恐不傷人函人唯恐傷人廬讀爲纑謂矛戟柄竹欑柲○或曰摩鑭之器胡今匈奴○粵音越鎛音博注及後同燕音烟函戶南反後同廬魯吳反下皆同本或作蘆庤直里反錢子淺反趙音趙一音大了反垢工口反鎧苦大反纑音盧下同欑才官反李音纂柲音祕劉音筆鑭力庶反【疏】粵無至弓車○釋曰此經與下經爲目此粵越國乃是古之語辭之曰即今之越字也言無鎛無函無廬無弓車謂無此鎛官函官之等也○注此四至無匈奴○釋曰鄭知此四國不置是官者取下經覆解是不置之事知鎛田器者越地多泥用此鎛者多故下云夫人而能爲鎛故知鎛田器是以引詩云庤乃錢鎛彼注云錢銚鎛鎒又曰詩云其鎛斯趙彼注趙刺也引之者證鎛爲田器非鍾鎛者也先鄭云函讀如國君含垢之含者按左氏宣公十四年秋九月楚子圍宋十五年宋人使樂嬰齊告急于晉晉侯

欲救之伯宗曰不可又曰川澤納汙山藪藏疾瑾瑜匿瑕國君含垢天之道也彼勸晉侯忍不救宋之事引之證含是含容之義也引孟子者證合是甲之意云盧讀爲纑者纑縷之纑取細長之義也云謂矛戟柄竹欑柲者按下廬人云爲廬器戈長六尺有六寸惟言殳戟矛柄之等故知爲戟柄也云竹欑柲者漢世以竹爲之欑欑謂柄之入鋻處柲即柄也云或曰者或有人解廬磨鐧之器者但柄須磨鐧使滑故爲此釋引之在下者得爲一義故也

粵之無鎛也非無鎛也夫人而能爲鎛也燕之無函也非無函也夫人而能爲函也秦之無廬也非無廬也夫人而能爲廬也胡之無弓車也非無弓車也夫人而能爲弓車也言其丈夫人人皆能作是器不須國工粵地塗泥多草薉而山出金錫鑄冶之業田器尤多燕近強胡習作甲冑秦多細木善作矜柲匈奴無屋宅田獵畜牧逐水草而居皆知爲弓車○夫人徐方無反沈音扶薉音穢劉云穢字之異者近附近之近矜其巾反李其京

反畜牧許又反下音木又音密【疏】注言其至弓車○釋曰皆覆釋上文言人人皆能不須置國工之意注言其文夫人人皆能作是器不須國工者凡置官之法所以教示在下上行之下效之今一國皆能不須教示不置其官關石和鈞王府則有官民足用也如鄭此讀則夫人與君之夫人同號讀之也云越地塗泥多草薉而山出金錫者目驗如是也金工皆和錫故兼錫而言也云秦多細木者亦目驗可知云矜秘者矜即前注欑一也○

知者創物謂始闓端造器物若世本作者是也○知音智創初亮反依字作剏闓音開【疏】注謂始至是也○釋曰此知者即下文聖人一也運用謂之知通物謂之聖凡知聖有若六德之知仁聖義之知聖則據賢人已下此言知聖則濬哲文明之等也引世本作者無句作磬儀狄造酒之等皆非聖知相理佐知所爲則皆由聖知而起是以聖人之時有此世本所作也

巧者述之守之世謂之工父子世以相教【疏】注父子世以相教○釋曰此世謂若管子書云工之子商之子四民之業皆云世者習也

百工之事皆聖人之作也事無非聖人所爲也【疏】注事無至爲也○釋曰據世本作篇多非聖人親爲要君統臣功故

皆聖人統攝之也爍金以爲刃凝土以爲器作車以行陸作舟以行水此皆聖人之所作也凝堅也故書舟作周鄭司農云周當作舟○爍徐劉音余灼反義當作鑠鑠始灼反

疏 注凝堅至作舟○釋曰上經云百工皆聖人所作此經言聖人所作之器見其驗也

天有時地有氣材有美工有巧合此四者然後可以爲良時寒溫也氣剛柔也良善也○合如字劉音閤

疏 注時寒至善也○釋曰此經已下說作器之法須合天時地氣之義將欲說已下不善之事故先於此說四者和合乃善之意也云時寒溫也者謂若弓人春液角夏治筋秋合三材冬定體之屬是依寒溫而作

材美工巧然而不良則不時不得地氣也不時不得天時橘踰淮而北爲枳鸜鵒不踰濟貉踰汶則死此地氣然也鸜鵒鳥也春秋昭二十五年有鴝鵒來巢傳曰書所無也鄭司農云不踰濟無妨於中國有之貉或爲猨

謂善緑木之貜也汶水在魯北○枳古氏反鸜徐劉音權公
羊傳同本又作鸛左傳同其俱反鵒音欲濟子禮反四瀆水
貉戶各反獸名依字作
貈汶音問水名貜音袁（疏）注鸜鵒至魯北○釋曰左氏傳
作鸜鵒公羊傳作鸛鵒此經注
皆作鸜字與左氏同春秋昭二十五年有鸜鵒來巢傳曰書
所無也也先鄭云不踰濟無妨於中國有之者按異義公羊以
爲鸛鵒夷狄之鳥穴居今來至魯之中國巢居此權臣欲自
下居上之象穀梁亦以爲夷狄之鳥來中國義與公羊同左
氏以爲鸜鵒來巢書所無也彼注云周禮曰鸜鵒不踰濟今
踰宜穴而又巢故曰書所無也許君謹按從二傳後鄭駮之
云按春秋言來者甚多非皆從夷狄來也從魯疆外而至則
言來鸜鵒本濟西穴處今乃踰濟而東又巢爲昭公將去魯
國今先鄭云不踰濟無妨於中國有之與後鄭義同也云貉
或爲貜謂善緑木之貜也者先鄭依或讀爲貉別更爲一解
云汶水在魯北汶陽田或屬齊
或屬魯是齊南魯北故云魯北

鄭之刀宋之斤魯之削吳粵之劍遷乎其地而弗能爲良地氣然也

去此地而作之則不能使良也
○削如字本思約思詔二反（疏）注去此至良也○
釋曰若據經所言

則鄭之刀以此刀之鐵移向宋而作斤宋之斤移向鄭而作刀皆不得爲良故指刀斤劒而言皆地氣使然故鄭云去此地而作之不能使良也

燕之角荆之幹妢胡之笴吳粵之金錫此材之美者也

荆荆州也幹柘也可以爲弓弩之幹妢胡胡子之國在楚旁笴矢幹也禹貢荆州貢櫄幹栝柏及箘簬楛故書笴爲笱杜子春云妢讀爲焚咸丘之焚書或爲邠妢胡地名也笱當爲笴笴讀爲槀謂箭槀○妢扶云反笴古老反注作槀同幹古旦反或古旱反櫄勑倫反箘其隕反李其轉反簬音路栝音楛尚書作楛音同邠彼貧反

疏 燕之至者也○注荆荆至箭槀○釋曰自此已下說材之事者按禹貢荆州貢櫄幹栝柏及箘簬楛三邦底貢注云櫄幹栝柏四木名幹柘幹箘竹簬風楛木類周之始肅愼氏貢楛矢石砮此州中生簬風與楛者衆多三國致之云妢胡在楚旁者定四年左氏云頓子胡子者是也若楚旁則亦屬荆州別言妢胡之笴者荆即楚也以州言之若然妢胡得與楚別言也子春云妢讀爲焚咸丘之焚者左氏桓七年春二月己亥焚咸丘公羊云焚之者何樵之也樵之者何以火攻也咸丘者何邾婁之邑也云笴讀爲槀謂箭槀者即槀人職掌箭

槀是也天有時以生有時以殺草木有時以生有時以死石有時以泐水有時以凝有時以澤此天時也言百工之事當審其時也鄭司農云泐讀如再扐而後卦之扐泐謂石解散也夏時盛暑大熱則然○泐音勒澤音亦李音釋扐音勒卦如字又俱賣反解音蟹〔疏〕注百工至則然釋曰云百工之事當審其時也者弓人所云四時者是也先鄭云泐讀如再扐而後卦之扐者此扐謂揲蓍之法故易云分之爲二以象兩卦一以象三揲之以四以象四時歸奇於扐以象閏五歲再閏故再扐而後卦象其合集凡攻木之工七攻金之工六攻皮之工五設色之工五刮摩之工五搏埴之工二攻猶治也搏之言拍也埴黏土也故書七爲十刮作捖鄭司農云十當爲七捖摩之工謂玉工也捖讀爲刮其事亦是也○刮古八反搏李音團劉音博埴時職反拍普百反黏女廉反捖劉音刮戚音完李侯管反〔疏〕凡攻至工二○釋曰此已下言工之頭數并所作有殊此經與下爲

摠目○注攻猶至是也○釋曰云搏之言拍也埴黏土也者以手拍黏土以爲培乃燒之尙書禹貢云厥土赤埴墳注亦云埴黏土者也先鄭云㡃讀爲刮者舌爲聲刀爲形左聲右形刮摩之義是故讀從之也

攻木之工輪輿弓廬匠車梓攻金之工築冶鳧㮚段桃攻皮之工函鮑韗韋裘設色之工畫繢鍾筐㡃。刮摩之工玉楖雕矢磬搏埴之工陶旊。事官之屬六十此識其五材三十工略記其事耳其曰某人者以其事名官也其曰某氏者官有世功若族有世業以氏名官者也廬矛戟矜柲也國語曰侏儒扶廬梓榎屬也故書雕或爲舟鄭司農云輪輿弓廬匠車梓此七者攻木之工官別名也孟子曰梓匠輪輿鮑讀爲鮑魚之鮑書或爲鞄蒼頡篇有鞄甓韗讀爲歷運之運㡃讀爲芒芒禹迹之芒楖讀如巾櫛之櫛旊讀爲甫始之甫埴書或爲植杜子春云雕或爲舟者非也玄謂旊讀如放於此乎之放○㮚古栗字段徐丁亂反劉徒亂反韗況萬反劉音運本或作䩵同繢戶對反後同筐音匡㡃莫黃反楖側筆反旊甫罔反又音甫侏音朱榎古馬反字或作櫝鞄匹學反劉音僕甍如兖反柔革工芒莫黄反下同旊甫罔反下同〔疏〕攻木至陶旊○釋曰上文其數此給以事職之也攻木之工七輪人爲輪蓋輿人爲車輿弓人爲六弓廬人爲柄之等匠人爲宮室城郭溝洫之等車人爲車梓人爲飲器及射侯之等攻金之工六築氏爲削冶氏爲戈戟鳧氏爲鍾㮚氏爲量段氏爲鎛桃氏爲劒攻皮之工五函人爲甲鮑人主治皮韗人爲鼓韋氏裘氏闕也設色之工五畫繢二者別官同職共其事者畫繢相須故也鍾氏染鳥羽筐氏闕㡛氏主漚絲刮摩之工五玉人造圭璋之等櫛氏闕雕氏闕矢人主造矢磬氏爲磬摶埴之工二陶人爲瓬器瓬旊之屬旊人爲瓦簋○注事官至之旊○釋曰三十工於六十爲不備記人録者未必在六十工之内直以數言之充得三十工而已也云其曰某人者以其事名官也者匠人梓人韗人鮑人之類是也此等直指事上爲名也云其曰某氏者其義有二一者官有世功則以官爲氏若韋氏裘氏冶氏之類是也二者族有世業以氏名官若鳧氏㮚氏之等是也云廬矛戟矜柲也者方言伐三刃特其柄自關而西謂之杖又云矜謂之杖云國語曰侏儒扶廬者晉語文公問胥臣胥臣對曰戚施植鎛蘧蒢。蒙璆儒扶廬矛矜是也云梓榎屬也者按釋木云稻山櫝注云櫝梓二木名此云梓榎爲一者釋木前言梢山檟後云椅梓據此二文故云屬非謂梓楨爲一而云屬也先鄭引孟子者見孟子所云官名與此同也蒼頡篇有鮑甕者按藝文志蒼頡有七章秦丞相李斯所作鮑甕是其一篇內有治皮之事故引爲證也云韗讀爲歷運之運者歷運時語有正歷運之數故讀從之取其音同耳云幟讀爲芒芒禹迹之芒者襄四年左氏傳魏絳請和諸戎云芒芒禹迹畫爲九州經啓九道引之者亦取音同云櫛讀爲巾櫛之櫛者按左氏僖二十二年晉大子圉爲質於秦將逃歸謂嬴氏曰與子歸乎對曰子之欲歸不亦宜乎寡君之使婢子侍執巾櫛以固子也從子而歸棄君命也引之者證櫛是一也云旊讀爲甫始之甫者甫訓爲始故讀從之於義無所取故後鄭不從也云謂旊讀如放於此乎之放者按隱二年無駭入極公羊傳曰疾始滅也始滅人於此乎是也言作瓦器者亦相放

有虞氏上陶夏后氏上匠殷人上梓周人上輿官各有所尊王者相變也舜至質貴陶器甒大瓦棺是也禹治洪水民降丘宅土卑宮室盡力乎溝洫而尊匠湯放桀疾禮樂之壞而尊梓武王誅紂疾上下失其服飾而尊輿

【疏】注官至輿○釋曰云官各有尊王者相變也者此陶匠梓輿據上三十工並是官名又所尊上

不同故云官各有尊王者相變也云舜至質貴陶器者按禮記表記云虞夏之文不勝其質殷周之質不勝其文謂上代質後代文若以文質再而復而言則虞又當質故云至質瓦器又至質故禮記郊特牲云器用陶匏是祭天地之器則陶器爲質也以代當質故用質器也云瓶大瓦棺是也者喪禮兩甒醴酒明堂位云泰有虞氏之尊也檀弓云有虞氏瓦棺是也此據升爲帝時所上不得取陶于河濱解此也禹治洪水者昔鯀治水九載績用不成舜臣堯舉八愷八愷中有禹堯使之治水大禹謨云禹降水儆予是也云民降丘宅土者禹貢文云卑宮室者論語文言民下居平土營農種作故爲之治溝洫以通水通水之官匠人是故夏上匠也云湯放桀者尚書云湯放桀于南巢云疾禮樂之壞者桀之無道民墜塗炭法度靡措是禮樂之壞也梓人所以造作禮樂之器故湯上之也云武王誅紂者尚書牧誓云甲子昧爽戰于牧野是武王誅紂之事紂之無道臣下化之無尊卑之差失其服飾但車服者顯尊卑之差故周公制禮尊上於輿也　故

一器而工聚焉者車爲多　周所上也　疏　故一至爲多　釋曰云一器者車也而工聚者謂有輪人輿人車人就職中仍有輈　車人是一器工聚者車最多多於餘官以周所上故也

有六等之數車有天地之象人在其中焉六等之數法易之三材六畫○畫音獲〔疏〕注車有至六畫○釋曰云六等之數下文是也云車有天地之象者下文云軫之方也以象地蓋之圜也以象天是車有天地之象也云人在其中焉者在車蓋之中也云六等之數法易之三材六畫者易說卦云立天之道曰陰與陽立地之道曰柔與剛立人之道曰仁與義兼三材而兩之故易六畫而成卦兼三材者天有陰陽地有剛柔人有仁義三材六畫一材兼二畫故車之六等之法也

車軫四尺謂之一等戈柲六尺有六寸既建而迆崇於軫四尺謂之二等人長八尺崇於戈四尺謂之三等殳長尋有四尺崇於人四尺謂之四等車戟常崇於殳四尺謂之五等酋矛常有四尺崇於戟四尺謂之六等此所謂兵車也軫輿後橫木崇高也八尺曰尋倍尋曰常殳長丈二戈殳戟矛皆插車輢鄭司農云迆讀

爲倚移從風之移謂著戈於車邪倚也○酋音發聲直謂矛○迆以氏反後同崇本亦作古嵩字殳音殊下直亮反後放此酋在由反或且州反皆插徐文初輒反戚初洽反輢於綺反劉於寄反車傍也一音起寄反倚移於綺反下以氏反下放此著丁略反〈疏〉車軫至六等○釋曰此經說車六等之數此邪似嗟反六等軫一人一之外兵有四等此謂前驅車所建故詩云伯也執殳爲王前驅彼注引此文爲證前驅明此是前驅所建可知○注此所至謂矛○釋曰云此所謂兵車也者謂下兵車之輪崇者也云軫輿後橫木者即今之車桄一也知八尺曰尋者此經皆以四尺爲差人長八尺而殳長尋有四尺崇於人四尺則八尺之外唯有四尺在是尋長八尺可知知倍尋曰常者殳長丈二而云車戟崇於殳四尺則丈二之外有四尺揔丈六尺是倍尋曰常也云戈殳戟矛皆插車輢者當皆以鐵圜範邪置於輢之上下乃插而建之容出先刃入後刃言之一則邪向前一則邪向後乃可得也先鄭云迆讀爲倚移從風之移者司馬長卿上林賦云從風倚○移云酋發聲直謂矛酋矛二丈也。**車謂之六等之數**申言數也〈疏〉注申言數也○釋曰前已云之今又言之申重也重言數詳審言之也

凡察車之道必自載

於地者始也是故察車自輪始先視輪也自從也凡察車之道欲其樸屬而微至不樸屬無以爲完久也不微至無以爲戚速也樸屬猶附著堅固貌也齊人有名疾爲戚者春秋傳曰蓋以操之爲已戚矣速疾也書或作數鄭司農云樸讀如子南僕之僕微至謂輪至地者少言其圜甚著地者微耳著地者微則易轉故不微至無以爲戚數○樸普剝反劉音僕一音扶祿反屬章欲反下及注同戚徐劉將六反李音促注同著直略反下同操七曹反數色角反下同易以豉反

〔疏〕注樸屬至戚數○釋曰此已下云造車有善惡高下大小之宜云春秋傳者按公羊傳莊公三十年冬齊人伐山戎傳云此齊侯也其稱人何貶曷爲貶司馬子曰蓋以操之爲已甚矣注云操迫也已甚也蹙痛也鄭氏以蹙爲疾與何休別先鄭云子男僕之僕哀二年左氏傳云初衛侯游于郊子南僕引之者取音同也

輪已崇則人不能登也輪已庳則於馬終古登阤也已大也甚也崇高也齊人之言終古猶言常也阤阪也輪

庳則難引○庳音婢𨹹徐文爾反劉堂何反〔疏〕注已大至難引○釋
李音他𨹹人同大音泰劉他餓反阪音反
曰輪已崇則過六尺六寸軫即過四尺大高故人不能登也
輪已庳則無六尺六寸軫即無四尺大下則馬難引常似上
阪也**故兵車之輪六尺有六寸田車之輪六尺**
有三寸乘車之輪六尺有六寸此以馬大小爲節也兵車革路也田
車木路也乘車玉路金路象路也兵車乘車駕
國馬田車駕田馬○乘繩證反後乘車皆放此〔疏〕故兵至六寸○
釋曰上文云車大高大下不得所今此經云須得所之意也
先言兵車者重戎事故也田獵戰伐相類即言田車以繼兵
車後別言乘車之等也○注此以至田馬○釋曰言以馬大
小爲節者馬高則車亦高馬下則車亦下一以馬之高下爲
車之節度云革路木路玉路等皆據巾車而言也云國馬者
據輈人云國馬之輈而言國馬則校人所云種馬戎馬齊馬
道馬四者是也**六尺有六寸之輪軹崇三尺有三寸也**
加軫與轐焉四尺也人長八尺登下以爲節

此車之高者也軫輿也鄭司農云軹軎也轐讀爲旃僕之僕謂伏兔也玄謂軹轂末也此軫與轐并七寸田車又宜減焉乘車之軹廣取數於此軹廣八尺旁出輿亦七寸也○軹音只轂末也轐音卜又音僕軎音衛旃僕之然反下如字又音卜軹廣古曠反

【疏】六尺至爲節○釋曰此經論軫崇四尺不高不下之節上云兵車乘車輪高六尺六寸軹是軸頭處輪之中央故崇三尺有三寸加輪○輿轐二者七寸則得四尺○注此車至寸也○釋曰云此車之高者對田車是車之下者也先鄭云軹軎也者物有二名耳云轐讀爲旃僕之僕者讀音同而未聞所出也云謂伏兔也者漢時名今人一謂之車屐是也玄謂軹轂末也此軫與轐并七寸者四馬車一轅車軸上有伏兔伏兔尾後上載車軫軫始有車輿則軸去地三尺三寸上又兼伏兔及軫上并七寸車輿去地揔四尺也云田車又宜減焉者田車軫崇三尺一寸半減乘車寸半加軫與轐亦減乘車寸半爲五寸半也云乘車之軹廣取數於此者車輿六尺有六寸軹廣謂轍廣轍八尺則車輿外旁出輿兩相各七寸七寸之數取於軫轐七寸之數故云取數於此也

輪人爲輪斬三材必以其時三材所以爲轂輻牙也斬之以時材在陽

則中冬斬之在陰則中夏斬之今世轂用雜榆輻以檀牙以橿也○牙音訝下皆同中音仲下中夏同橿居良反〔疏〕注三材至橿也○釋曰輪人唯造車輪之三材唯轂輻牙故鄭以此三者解之也云材在陽中冬斬之等並據山虞文知之鄭舉今世所用木爲此三者未知周用何木也

三材既具巧者和之調其鑿內而合之○鑿在洛反又曹報反內如銳反依字作枘合音閤又如字〔疏〕注調其至合之○釋曰鄭以調解和鑿內謂孔入轂入牙者並須調使得所也

轂也者以爲利轉也輻也者以爲直指也牙也者以爲固抱也利轉者轂以無有爲用也鄭司農云牙讀如跛者訝跛者之訝謂輪輮也世間或謂之罔書或作輮○輮而久反劉音柔李而又反〔疏〕注利轉至作輮○釋曰云輻也者以爲直指也者人轂入牙並須直指不邪曲也云牙也者以爲固抱也者使牢固抱曲云利轉者轂以無有爲用也者按老子道經云三十輻共一轂當其無有車之用注無有謂空虛轂中空虛輪得行輿中空虛人居其上引之者證轂爲由空乃得利轉之義也先鄭讀牙爲訝跛者之訝者訝迎也此車牙亦輮之使兩頭相迎故讀從之

輪

徹三材不失職謂之完徹盡而轂輻牙不動○徹姆世反徐劉伏滅反〔疏〕輪徹至之完○釋曰謂之爲職者轂輻牙各自職任自相支持雖盡不動是不失職也○望而眡其輪欲其幎爾而下迆也進而眡之欲其微至也無所取之取諸圜也輪謂牙也幎均致貌也進猶行也微至至地者少也非有他也圜使之然也鄭司農云微至書或作危至故書圜或作員當爲圜○幎莫歷反圜于權反致直置反下注稹致同〔疏〕望而至圜也○釋曰望而眡之謂車停止時云幎爾者幎均致貌爾助句辭云下迆者謂輻轂上轂至兩兩相當正直不旁迆故云下迆也望其輻欲其掣爾而纖也進而眡之欲其肉稱也無所取之取諸易直也掣纖殺小貌也肉稱弘殺好也鄭司農云掣讀爲紛容掣參之掣玄謂如桑螵蛸之蛸○掣音蕭又色交反又音朔李又所咸反稱尺證反注同易以豉反殺色界反劉色例反下同一音如字掣參上色交反又音蕭劉音朔下所林反螵戚眺貂反

劉平堯反蛸音蕭又音消〔疏〕望其至直也。釋曰上經揔視輪此經則視輻下云進而視之則上云望其輻據住止時也。注挈纖至之蛸。釋曰云挈纖殺小貌也者凡輻皆向轂處大向牙處小言挈纖據向牙處小而言也云肉稱弘殺好也者向轂爲稱故爲弘殺先鄭云紛容挈參之挈者此蓋有文今檢未得玄謂如桑螵蛸之蛸者讀從爾雅釋蟲螳蜋螵蛸並取音同也

望其轂欲其眼也。進而眡之欲其幬之廉也。無所取之，取諸急也。眼出大貌也幬幔轂之革也革急則裹木廉隅見鄭司農云眼讀如限切之限。眼魚懇反幬音幬下同劉又音濤李一音持株反或一音蹈幔莫干反裹音果見賢遍反限魚懇反李如字下同切音如字李倉愛反〔疏〕望其至急也。釋曰凡轂初作時隱起然後以革鞔之革急裹木隱起見幬覆轂也謂以革覆轂也。注眼出至之限。釋曰先鄭讀眼如限切之限亦是取急意

眡其綆欲其蚤之正也。蚤當爲爪謂輻入牙中者也鄭司農云綆讀爲關東言餅之餅謂輪箄也玄謂輪雖箄爪牙必正也。綆依注音餅李方善反又姑杏反玉篇云鄭衆音補管反蚤音爪下同餅必井反

劉方頃反箄劉薄歷反李又方匹反一音薄計反下皆同爪牙劉音雅【疏】眡其至正也。釋曰凡造車輪皆向外箄向外箄則車不掉先鄭讀綆爲山東言餅之餅依俗讀也玄謂輪雖箄爪牙必正也者爪入牙中鑿孔必正直不隨邪也

察其菑蚤不齵則輪雖敝不匡

菑謂輻入轂中者也菑與爪不相佹乃後輪敝盡不匡刺也鄭司農云菑讀如雜廁之廁謂建輻也泰山平原所樹立物爲菑聲如胾博立梟棊亦爲菑匡枉也。菑側吏反注及下皆同齵五構反一音隅佹九委反剌洛葛反下同胾側吏反梟古堯反【疏】注菑謂至枉也。釋曰上視輻入牙中此言察輻入轂中須得所之意也凡植物於地中謂之菑此輻入轂中似植物地中亦謂之菑言菑蚤不齵者人之牙菑參差謂之齵此三十輻入轂與蚤入牙一一相當不相佹戾亦是不齵也如此輪雖敝盡不匡刺先鄭云菑讀如雜廁之廁者讀從史游章分別部居不雜廁則義取不參差意也云博立梟棊者謂博戲時立一子於中央謂之梟棊云。爲菑亦是樹立爲菑之義也

凡斬轂之道必矩其陰陽

矩謂刻識之也故書矩爲距鄭司農云當作矩謂規矩也【疏】凡斬至陰陽。釋曰此欲斬轂之時先就樹刻之記

識其向日爲陽背日爲陰之處必記之者爲後以火養其陰故也**陽也者稹理而堅陰也者疏理而柔是故以火養其陰而齊諸其陽則轂雖敝不藃**稹致也火養其陰炙堅之也鄭司農云稹讀爲奠祭之奠藃當作秏玄謂藃藃暴陰柔後必橈減幬革暴起。稹之忍反本又作稹劉依司農音奠一音真藃李戚好角反劉呼報反秏呼報反暴步角反下同劉步莫反一音蒲報反橈乃孝反【疏】注稹致至暴起。釋曰此轂若不以火養炙陰柔之處使堅與陽齊等後以革鞔陰柔之處木則瘦減革不著木必有暴起若以火養之雖敝盡不藃暴也**轂小而長則柞大而短則摯**鄭司農云柞讀爲迫唶之唶謂輻間柞狹也摯讀爲槷謂輻危槷也玄謂小而長則菑中弱大而短則轂末不堅。柞莊百反槷劉魚列反戚魚結反迫唶莊百反【疏】轂小至則摯。釋曰此已下論車須長短小大相稱之事。注鄭司至不堅。釋曰先鄭讀柞爲迫唶之唶者依俗讀之以摯爲槷後鄭從爾就足之玄謂小而長則菑中弱者以轂小而長則輻間柞狹故菑中弱也云大而短則末不堅者謂轂大而短即轂末淺短故轂末不得堅牢也是故六分其輪崇以其一爲之牙圍六尺六寸之輪牙圍尺一寸〔疏〕是故至牙圍。釋曰以上文小大不得其所此文制法使得其所也云六尺六寸之輪牙圍尺一寸者此據兵車乘車而言若田車之輪小崇六尺三寸計亦可知也參分其牙圍而漆其二不漆其踐地者也漆者七寸三分寸之一不漆者三寸三分寸之二令牙厚一寸三分寸之二則內外面不漆者各一寸也。令力呈反卷內皆同厚胡豆反後放此〔疏〕注不漆至寸也。釋曰就一尺一寸且取九寸三分分分之各得三寸猶有二寸在又一寸爲三分二寸爲六分三分分分之各得二分若然一分有三寸三分寸之二二分摠得七寸三分寸之一是漆之者也餘一分者三寸三分寸之二是不漆者故云不漆者三寸三分寸之二也云令牙厚一寸三分寸之二則內外面不漆者各一寸也者無正文以意解之故云令牙厚一寸三分寸之二餘二寸分於外內面故各一寸也椁其漆內而中詘之以爲之轂長以其長爲之圍六尺六寸之輪漆內六尺四寸是爲轂長三尺二寸圍徑一尺三分寸之二也鄭司農云椁者度兩漆之内相距之尺寸也○中丁仲反詘巨勿反度待洛反下度之同〔疏〕注六尺至寸也○釋曰上經不漆者外内面各一寸則兩畔減二寸故漆内有六尺四寸也中屈此六尺四寸故轂長三尺二寸也又以三尺二寸爲圍圍三徑一三尺得一尺餘二寸寸作三分爲六分又徑二分故徑一尺三分寸之二也○

以其圍之阞捎其藪捎除也阞三分之一也鄭司農云捎讀爲桑蛸蛸之蛸藪讀爲蜂藪之藪謂轂空壺中也玄謂此藪徑三寸九分寸之五壺中當輻菑者也蜂藪者猶言趨也藪者衆輻之所趨也○阞音勒捎音蕭藪素口反李一音倉豆反空音孔趨七住反又七須反下同〔疏〕以其至其藪○釋曰車轂之法其孔必大頭寬小頭狹當輻入處謂之藪寬狹處中而已云阞者三分之一也者於前一尺三分寸之二三分取一捎除也以除三空中當一藪之處使容車轂也○注捎除至趨也○釋曰云阞三分之一者凡言阞者分散之言數亦不定是以王制云祭用數之仂注以爲當年之什一以其下有喪用三年之仂遂以當年經用之什一言之此下文賢是大頭穿内徑四寸五分寸之二此當藪處於徑三分之一爲徑三寸九分寸之五大小相稱故以阞爲三分之一釋之也讀爲蜂藪之藪此亦依

俗讀之以蜂窠有孔藪然此三十輻入轂處亦藪然也玄謂此藪徑三寸九分寸之五者以轂徑一尺三分寸之二今一尺取九寸三分之一得二寸仍有一寸三分寸之二在今以一寸者爲九分寸之二爲六分揔爲十五分三分取一得五分故云徑三寸九分寸之五也

五分其轂之長去一以爲賢去三以爲軹鄭司農云賢大穿也軹小穿也玄謂此大穿徑八寸十五分寸之八小穿徑四寸十五分寸之四大穿甚大似誤矣大穿實五分轂長去二也去二則得六寸五分寸之二凡大小穿皆謂金也今大小穿金厚一寸則大穿穿內徑四寸五分寸之二小穿穿內徑二寸十五分寸之四如是乃與藪相稱也○去起呂反後去一去二皆同賢如字劉李胡眄反注同稱尺證反下同

〔疏〕中此經言轂大小兩頭○注鄭司至空壺稱也○釋曰云玄謂此大穿徑八寸十五分寸之八者經云五分其轂之長去一以爲賢即以轂長三尺二寸徑一尺三分寸之二而五分去一一尺去二寸得八寸三分寸之二者本三分寸今爲十五分寸即以二分者爲十分去二分得八分故云大穿徑八寸十五分寸之八也云小穿徑四寸十五分寸之四者經云去三一尺五分去三去六寸得四寸三分

寸之二亦爲十五分寸之十五分去三去六分得四分故云小穿徑四寸十五分寸之四云大穿甚大似誤矣者以其大穿與藪中及小穿三者須相類故鄭以五分去二爲允也云今大小穿金厚一寸者無正文以目驗知之故云令也大小穿穿内皆以金消去二寸故各減二寸也

容轂必直陳篆必正施膠必厚施筋必數幬必負幹

鄭司農云讀容上屬曰軹容玄謂容者治轂爲之形容也篆轂約也幬負幹者革轂相應無贏不足○篆直轉反數色角反李色住反約烏孝反又如字〔疏〕注鄭司至不足

釋曰先鄭讀容上屬後鄭不從者軹轂末無形容可見其轂上則夏篆夏縵轂約故不從也云幬負幹者革轂相應者幬覆也謂以革覆轂轂之木隱著革使之急是革轂相應也云無贏不足者贏與不足同蒙無字若轂有耗瘦不隱著轂則革有贏而轂不足著轂不耗革轂相應革無贏轂亦無不足也

既摩革色青白謂之轂之善

謂丸漆之乾而以石摩平之革色青白善之徵也○丸如字又胡喚反○〔疏〕注謂丸至徵也

釋曰此謂以革鞔轂訖將漆之先以骨丸之待乾乃以石摩平之其色青白則善也

參分其轂長

二在外一在内以置其輻轂長三尺二寸者令輻廣三寸半則輻内九寸半輻外一尺九寸○〔疏〕注轂長至九寸○釋曰此經欲論置輻於轂相去遠近之法云轂長三尺二寸上經文令輻廣三寸半知者按上云以圜之叻捎其藪藪中三分徑一轂徑既一尺三分寸二今取一分作空中空中徑三寸九分寸之五兩畔得二分有七寸九分寸之一兩廂分之一畔得三寸九分寸之五下文云量其鑿深以爲輻廣深三寸半故知輻廣三寸半也依前所計言之輻深實應三寸十八分寸之一言三寸半舉成數言也若然轂既長三尺二寸輻居三寸半餘有二尺八寸半三分之輻外得一尺九寸輻内得九寸半也凡輻量其鑿深以爲輻廣廣深相應則固足相任也○量音良下量其藪同鑿曹報反又如字後同深尸鳩反下放此○〔疏〕注廣深至任也○釋曰如上所計則輻之廣深各有三寸半是相應也至上轂小而長轂大而短則不相應故槷也輻廣而鑿淺則是以大扤雖有良工莫之能固扤鑿動貌○扤五骨反或九活反○〔疏〕輻廣至能固○釋曰此及下經論轂與輻不得所之意也鑿深

而輻小則是固有餘而強不足也言輻弱不勝轂之所任也○強其良反劉其尚反勝音升（疏）鑿深至足也○釋曰云鑿深而輻小者欲轂大故鑿得深其輻則應大是相稱若輻小則固有餘固有餘由轂大轂大鑿深故也而強不足由輻小故也故竑其輻廣以爲之弱則雖有重任轂不折言力相稱也弱蒻也今人謂蒲本在水中者爲弱是其類也鄭司農云竑讀如紘綖之紘謂度之○故竑獲耕反○（疏）注言力至度之○釋曰云言力相稱也者止謂輻廣與鑿深相稱按史游章云蒲蒻藺席謂取蒲之本在水者爲席則此經弱亦是輻入轂中者也參分其輻之長而殺其一則雖有深泥亦弗之溓也殺衰小之也鄭司農云溓讀爲黏謂泥不黏著輻也○殺色界反劉色例反注同溓依字力簟反依注音黏女廉反衰劉初危反一音如字著直略反下附著同○（疏）參分至溓也○釋曰假令輻除入轂之中其外長三尺則殺一尺以向牙以本麤末細塗則向下利故泥不黏著之也○參分其股圍去一以

爲轂圍謂殺輻之數也鄭司農云股謂近轂者也骹謂近牙者也方言股以喻其豐故言骹以喻其細人脛近足者細於股謂之骹羊脛細者亦爲骹○骹胡飽反又下教反李又苦教反近附近之近脛刑定反○疏注謂殺至爲骹○釋曰云謂殺輻之數也者上經云殺其一者據長短之中殺一分此經三分殺一據本麤末細而言其輻近轂麤處謂之股若人髀股近牙細者謂之骹謂若人脚近踝之骹也假令輻近轂處圍六寸也先鄭云方言股以喻其豐者方者也止謂方欲言股之時此股喻其豐非謂揚雄以異方之語不同○方言也股既喻豐故言骹以喻其細一切麤細相對細處則言骹謂云喪禮綴足用燕几骹在南之類云羊脛細者亦爲骹者今人猶言之也○**揉輻必齊平沈必均**揉謂以火槁之衆輻之直齊如一也平沈平漸也鄭司農云平沈謂浮之水上無輕重○揉而九反又音柔李又奴丑反一音而又反槁劉苦老反漸子廉反下同疏釋曰云揉謂至輕重火槁之者曲者以火炙之木則濡可揉戾使直槁就也故云以揉謂以火槁之也云衆輻之直齊如一也者謂以火槁之後直不曲故云直齊如一也重者沈多輕者沈淺沈重者更去之則平而輕重等也○**直以指牙牙**

得則無槷而固得謂倨句鑿内相應也鄭司農云槷檄也蜀人言檄曰槷玄謂槷讀如涅從木熱省聲○槷魚列反依注音涅乃結反李一音素結反倨句音據内如稅反檄素結反○【疏】注得謂至省聲○釋曰云得謂倨句鑿内相應也者以輻直者爲倨以牙曲者爲句輻牙雖有倨句至於鑿内必正正則爲得得則若無槷而牢固也先鄭讀槷爲危槷之槷故更轉從檄也後鄭讀槷即是槷蘇結切云槷讀如涅謂涅物於孔中之涅又解槷字以其用木爲槷故從木也云熱省聲者熱者去下火取上與熱爲聲可謂上聲下形故云省聲也不得則有槷必足見也必足見言槷大也然則雖得猶有槷但小耳○見賢遍反注同【疏】注必足見至小耳○釋曰云必足見言槷大也者足乃據槷而言言足見故知槷大乃足見也云然則雖得猶有槷但小耳者上經云無槷而固即是無槷鄭必知上文有槷但小者鄭更無異文直以文勢反之可知知然者此經云不得則有槷必足見言槷大則知上經得不足見無大槷有小槷可知故鄭云雖得猶有槷但小耳鄭非直以文勢反之知有槷以意量之輻人牙中無有不用槷而固者也○六尺有六寸之輪綆參分寸之二

謂之輪之固輪箄則車行不掉也參分寸之二者出於輻股鑿之數也○綆參方頴反下七南反又音三掉徒弔反○疏注輪箄至數也○釋曰止由輪有箄車不掉不掉則得輪之固也云參分寸之二者出於輻股鑿之數也者鑿牙之時孔向外侵三寸之二使輻股外箄故云輻股鑿之數也凡爲輪行澤者欲杼行山者欲侔杼謂削薄其踐地者侔上下等杼直呂反侔亡侯反劉莫豆反○疏注杼謂至下等○釋曰凡爲車之法各順其所宜是以行澤者欲杼知是削薄其踐地者下文云是刀以割塗故知削薄之行山欲上下等者下文云是摶以行石雖不動於鑿旁恐石傷之故欲上下等而得久長也杼以行澤則是刀以割塗也是故塗不附附著也○侔以行山則是摶以行石也是故輪雖敝不甐於鑿摶圜厚也鄭司農云不甐於鑿謂不動於鑿中也玄謂甐亦敝也以輪之厚石雖齧之不能敝其鑿旁使之動○摶徒九反李又丈轉反甐本又作鄰音吝李一音鱗○疏注摶圜至之動○釋曰先鄭以甐爲

者以其動者先動於旁乃及於中不可先動於中故不從也動而不動於鑿中後鄭以甐亦敝不能敝於鑿旁不從先鄭

凡揉牙外不廉而内不挫旁不腫謂之用火之善廉絶也挫折也腫瘣也○挫作臥反李又祖加反瘣胡罪反○〔疏〕凡揉至之善○釋曰此一經論用火揉牙使之圜正之意古者車輞屈一木爲之要當木善火齊又得乃可圜而得所也○注廉絶至瘣也○釋曰凡屈木多外廉絶理内挫折中旁腫負起無此三疾是用火之善也是故規之以視其圜也○是故規之以眡其圜也輪中規則圜矣○中丁仲反下同○〔疏〕注輪中規則圜矣○釋曰謂輪成以繩規之中規則不枉也萬之以眡其匡也等爲萬蔞以運輪上輪中萬蔞則不匡刺也故書萬作禹鄭司農云讀爲萬書或作矩○萬姜禹反李又音俱注同蔞良主反劉音流下文同李又里俱反○〔疏〕注等爲至作矩○釋曰云等爲萬蔞以運輪上者見今車近萬蔞於輪一邊置於輪上是等爲萬蔞以運輪上也輪一轉一帀不高不下中於萬蔞則輪不匡刺○縣之以眡其輻之直也輪輻三十上下相直

從旁以繩縣之中繩則鑿正輻直矣。縣音玄後皆同直音值〔疏〕注輪輻至直矣。釋曰此以輪側於一邊輪輻三十兩兩上下相直從旁以繩縣之兩兩中縣則鑿正而輻直矣。水之以眂其平沈之均也平漸其輪無輕重則斲材均矣。斲陟角反。〔疏〕注平漸至均矣。釋曰兩輪俱置水中觀眂四畔入水均否若平深均則斲材均矣量其藪以黍以眂其同也黍滑而齊以量兩壺無贏不足則同〔疏〕量其至同也。釋曰謂兩輪俱用黍量眂其容受同不齊同則無贏亦無不足鄭云黍滑而齊則不取律歷志以黍爲度量衡之義也。權之以眂其輕重之侔也侔等也稱兩輪鈞石同則等矣輪有輕重則引之有難易。易以豉反。〔疏〕注侔等至難易。釋曰云稱兩輪鈞石同則等矣者正以鈞石言之者以其輪重非斤兩所准擬故以三十斤曰鈞百二十斤曰石之言也故可規可萬可水可縣可量可權也謂之國工國之名工〔疏〕故可至國工。釋曰此一經總結上文也輪人爲蓋達常圍三寸圍三寸徑一寸也鄭司農云達常蓋斗柄下入杠中也。杠音江。〔疏〕注圍三至中也。釋曰輪輻三十蓋弓二十有八器類相似故因遣輪人造蓋但蓋柄有兩節此達常是上節下入杠中也。桯圍倍之六寸圍六寸徑二寸足以含達常鄭司農云桯蓋杠也讀如丹桓宮楹之楹。桯讀爲楹音盈〔疏〕注圍六至之楹。釋曰此蓋柄下節麤大常一倍向上含達常也先鄭引丹桓宮楹之楹者按莊二十三年爲迎姜氏爲華飾故丹桓公廟之楹柱引之證此蓋柄之桯楹柱之類也信其桯圍以爲部廣部廣六寸廣謂徑也鄭司農云部蓋斗也。信音申廣古曠反劉音徑下同〔疏〕信其至六寸。釋曰此言蓋之斗四面鑿孔内蓋弓者於上部高隆穹然謂之爲部信古之申字館中上桯圍六寸以爲此部徑部徑六寸也部長二尺謂斗柄達常也〔疏〕注謂斗柄達常也。釋曰此部即達常以此達常上入部中遂名此達常爲部其實是達常也桯長倍之四尺者二杠長八尺謂達常以下也加達常二尺則蓋高一丈立乘也。〔疏〕注杠長至乘也。釋曰云蓋高一丈立乘也者人長八尺蓋弓十分寸之一謂之有宇曲之減二尺得不障人目也枚為下起數也枚一分故書十與上二合為二十字杜子春云當為四尺者二十分寸之一○為于僞反下為兩同○〔疏〕注為下至之一○釋曰云故書十與上二合為廿字則二十三十四十字一字為兩讀因而有之子春不從者文理俱周乃合於義若以十合二為廿是則於文字得矣若讀以分向下讀之其義安在故子春經為正也部尊一枚尊高也蓋斗上隆高高一分也〔疏〕注尊高至分也○釋曰高者必尊故尊為高也以隆高一分故上文得名為部也○弓鑿廣四枚鑿上二枚鑿下四枚弓蓋橑也廣大也是為部厚一寸○鑿才報反橑音老劉力報反○〔疏〕注弓蓋至一寸○釋曰云弓蓋橑也者漢世名蓋弓為橑子也云廣大也者恐直以橫廣四枚上下不知其數故訓廣為大明上下及橫皆四分也云是為部厚一寸者經兩四一二故厚一寸也必以孔上二枚孔下四枚以其弓下用力故也鑿深二寸有半下直二枚鑿端一枚鑿深對為五寸是以不傷達常也下直二枚者鑿空下正而上

低二分也其弓菑則撓之平剡其下二分而內之欲令蓋之尊終平不蒙撓也端內題也○空音孔菑側皆反剡音廁撓乃教反剡以冉反又才冉反○疏注鑿深至題也○釋曰此經說蓋斗之上鑿孔內弓二十八孔之上下廣狹之義云鑿深對爲五寸是以不傷達常也者前文云部廣六寸達常徑一寸達常上入部中徑一寸則兩畔共有五寸在今以弓鑿深二寸半兩相各二寸半是不侵達常故云不傷達常也云下直二枚者鑿空下正而上低二分也者直正也鑿孔下正者上文鑿下四枚令於內畔於下亦四枚與外正平故云平於下正也云而上低二分者前文鑿上二枚今於內畔孔低二分鑿上亦四枚故云上低二分也若然部揔一寸今鑿上鑿下俱四枚已用八枚其中惟有二枚在故云弓菑則撓撓亦減也弓外畔上下四枚今於內畔減二枚惟有二分剡去也故云平剡其下二分而內之云欲令蓋之尊終平不蒙撓也者蓋尊外畔孔上二枚及內畔上下俱四枚若然蓋弓向外頭仰但以蓋弓三分一分外爲宇曲又以衣蒙之則弓低故蓋尊終平不蒙撓又得吐水也云端內題也者蓋斗外寬內狹以是故蓋弓內端削使狹爲題頭故云端內題也○弓長六尺謂之庇軹五尺謂之庇輪四尺

謂之庇軫庇覆也故書庇作秘杜子春云秘當爲庇謂覆幹也玄謂軹轂末也輿廣六尺六寸兩轂幷六尺四寸旁減軓內七寸則兩軹之廣凡丈一尺六寸也六尺之弓倍之加部廣凡丈二尺六寸有宇曲之減可覆軹不及幹○庇方二反○幹或作幹俱音管○疏注庇覆至及幹○釋曰此經說蓋有大小不定之事云輿廣六尺六寸者輿人文云旁減軓內七寸者七寸以承輿故旁減軓內七寸上云以其轂長二在外一在內以置其輻輻內九寸半緶三分寸之二金轄之間三分寸之一輻又三寸半揔尺四寸以此計之以七寸承輿七寸爲軓故云旁減軓內七寸也云兩軹之廣一凡丈一尺六寸也者向計輿六尺六寸幷兩轂六尺四寸揔一丈三尺減尺四寸入輿下其餘有丈一尺六寸也云六尺之弓倍之加部廣凡丈二尺六寸有宇曲之減可覆軹不不及幹者下文注云股而三尺幾半通尊二尺爲五尺近半倍之加部廣六寸揔丈一尺六寸以幾半言之則不整丈一尺六寸經云覆軹當允經中之數故云可覆軹不及幹也

參分弓長而揉其一參分之持長橈短短者近部而平長者爲宇曲也六尺之弓近部二尺四尺爲宇曲○近附近之近疏注參分至宇曲○釋曰云參分之持長橈短短者近部而平長者爲

宇曲也者弓長六尺三分一分有二尺既云參分弓長揉其一則揉其二尺近部者故云三分之持長撓短短者近部內而平長。爲宇曲鄭又覆言之六尺之弓近部二尺四尺爲宇曲必撓近部二尺者以其本鑿弓孔時外畔弓上二枚弓下四枚內畔上下俱四枚由弓頭仰故須近部撓之使平向下四尺持之爲宇曲吐水也。參分其股圍去一以爲蚤圍蚤當爲爪以弓鑿之廣爲股圍則寸六分也爪圍二寸十五分寸之一。蚤音爪。疏注蚤當至之一。釋曰此言弓近蓋計復麤近末頭細之意云股圍則寸六分也者上云弓鑿廣四枚即以方圍之四四十六故圍寸六分云爪圍一寸十五分寸之一者一寸爲三十分六分者爲十八分通前揔四十八取三十分去十分得二十分十八分者去六分得十二分以十二并二十爲三十二分三十分作寸餘二分是三十分寸之二三十分寸之二即是十五分寸之一故云爪圍一寸十五分寸之一也。參分弓長以其一爲之尊尊高也六尺之弓上近部平者二尺爪末下於部二尺二尺爲句四尺爲弦求其股股十二除之面三尺幾半也。幾音祈。疏注尊高至半也。釋曰云以其一爲之尊者正謂近部二尺者對末頭四尺者爲下以二尺者爲高云爪末下於部二尺者正謂蓋杠幷達常高一丈八尺故四面宇曲垂二尺也云二尺爲句四尺爲弦求其股者鄭欲解宇曲之減減蓋之寬覆軹不及幹之意凡筭法以蚤低二尺即以低二尺者爲句又以持長四尺爲弦又蚤末直平者爲股絃者四尺四四十六爲丈六尺句者二尺二二而四爲四尺欲求其股之直平者筭法以句除弦餘爲股將句之四尺除弦丈六尺中除四尺仍有丈二尺在然後以筭法約之廣一尺長丈二尺方之丈二尺取九尺三尺一截相裨得方三尺仍有三尺在中破之爲兩段各廣五寸長三尺裨於前三尺方兩畔畔有五寸兩畔幷前三尺爲三尺半角頭仍少方五寸不合不整三三尺半幾近也言近半○

上欲尊而宇欲卑上近部平者也隤下曰宇○卑音婢下同隤大回反疏上欲至欲卑○釋曰此言爲下而詭也上謂近部二尺者宇謂持長四尺者也

上尊而宇卑則吐水疾而霤遠蓋者主爲雨設也乘車無蓋禮所謂潦車謂蓋車與○霤力又反潦音老與音餘○疏注蓋者至車與○釋曰云蓋者主爲雨設也乘車無蓋者按巾車五路皆不言蓋以其建旌旗故無蓋故彼云及葬執蓋從車持旌鄭云王平生時乘車建旌雨則有蓋

又道右職云王式則下前馬王下則以蓋從注云以蓋從表尊非謂在車時若今傘蓋者也云禮所謂潦車謂蓋車與者按既夕禮云乘車載旜道車載朝服槀車載簑笠注云今文槀爲潦此注云禮所謂潦車者指儀禮今文而言也鄭彼不從今文此引之者鄭兩解故此從之但潦車云載簑笠所以禦暑簑所以禦雨雨時或設簑或設蓋故疑是彼潦車遂言與也若然蓋車於天子當木路故既夕注云槀猶散也散車以田以鄙之車司常云斿車載旌注云斿車木路也王以田以鄙之車是木路與潦車爲一物故知此則木路至於田獵建大麾無蓋在國巡行則或載旌或設蓋也

蓋已崇則難爲門也蓋已卑是蔽目也是故蓋崇十尺十尺其中正也蓋十尺宇二尺而人長八尺卑於此蔽人目○（疏）注十尺至人目 釋曰云蓋十尺宇二尺者據人長八尺中人而言若孔子及父皆身長十尺則蓋丈二者也○

良蓋弗冒弗紘殷畝而馳不隊謂之國工隊落也善蓋者以橫馳於壟上無衣若無紘而弓不落也○殷音隱不隊直類反○（疏）良蓋至國工○釋曰云良蓋弗冒則無衣不須言不紘若言不紘則有衣而不

須紘也云股敵而馳者據不冒不紘兩者而言

輿人爲車輪崇車廣衡長參如一謂之參稱稱猶等也車輿也衡亦長容兩服○稱尺證反注同疏注稱猶至兩服○釋曰此輿人專作車輿記人言車者車以輿爲主故車爲揔名鄭爲輿者此官實造輿故從輿爲正云參如一者謂俱六尺六寸也云容兩服者服馬也以其驂馬別有輈爲引車故衡唯容服也○

參分車廣去一以爲隧兵車之隧四尺四寸鄭司農云隧謂車輿深也讀如鐩燧改火之燧玄謂讀如邃宇之邃○隧雖遂反注邃同又音遂注燧同鐩作官反疏注兵車至之邃○釋曰隧謂車輿之縱凡人所乘車皆取橫闊以或參乘或四乘故橫則六尺六寸此隧輿之縱三分六尺六寸取二分以四尺四寸爲之不從先鄭者車無取於鐩燧改火之義故讀從邃宇之邃也

參分其隧一在前二在後以揉其式兵車之式深尺四寸三分寸之二○疏注兵車至之二○釋曰鄭皆言兵車者按上文先言兵車後言乘車故據先而言其實乘車亦同也云或深尺四寸三分

寸之二者以四尺四寸取三尺得一尺又一尺二寸三分之取四寸仍有二寸在一寸爲三分二寸爲六分取一得二分故云深尺四寸三分寸之二云以揉其式者式謂人所馮依而式敬故名此木爲式也○**以其廣之半爲之式崇**兵車之式高三尺三寸○疏注兵車至三寸○釋曰車輿之廣六尺六寸取半爲式之高故知三尺三寸也**以其隧之半爲之較崇**較兩輢上出式者兵車自較而下凡五尺五寸故書較作榷杜子春云當爲較○較古學反輢於綺反劉於既反下同榷音角疏注較兩至爲較○釋曰較謂車輿兩相今人謂之平鬲也言兩較謂車相兩旁豎之者二者既別而云較兩輢上出式者以其較之兩頭皆置于輢上二木相附故據兩較出式而言之云兵車自較而下凡五尺五寸者以其前文式已崇三尺三寸更增此隧之半二尺二寸故爲五尺五寸按昭十年左氏傳云陳鮑方睦遂伐欒高氏子良曰先得公陳鮑焉往遂伐虎門公卜使王黑以靈姑銔率吉請斷三尺而用之彼注云斷三尺使至於較大夫旗至較按禮緯諸侯旗齊軫大夫齊較軫至較五尺五寸斷三尺得至較者蓋天子與其臣乘重較之車諸侯之車不重較故有三尺之較也或可服君誤

六

分其廣以一爲之軫圍軫輿後横者也兵車之軫圍尺一寸（疏）注軫輿至一寸〇釋曰云六分者謂輿廣六尺六寸而六分取一故得尺一寸也〇參分軫圍去一以爲式圍兵車之式圍七寸三分寸之一（疏）注兵車至之一〇釋曰謂參分前軫圍尺一寸而爲之尺一寸取九寸爲三分去三寸得六寸餘二寸各三分之二寸爲六分去二分得四分以三分爲一寸餘一分添前六寸爲七寸三分寸之一也參分式圍去一以爲較圍兵車之較圍四寸九分寸之八（疏）注兵車至之八〇釋曰以式圍七寸三分寸之一取六寸三分去二寸得四寸仍有一寸三分寸之一以一寸者爲九分一分者轉爲三分并爲十二分去四分得八分故云較圍四寸九分寸之八也參分較圍去一以爲軹圍兵車之軹圍三寸二十七分寸之七軹輢之植者衡者也與轂末同名〇植直吏反下同（疏）注兵車至同名〇釋曰以前較謂四寸九分寸之八四寸取三寸去一寸得二寸餘一寸爲二十七分餘八分爲二十四分并之爲五十一分取三十去十分得二十分又二十一者去七分得十四添前二十爲三十四分

取二十七分爲一寸餘有七分在添前二寸捴爲三寸二十七分寸之七也云與轂末同名者前云覆軹不及幹注軹是轂末此軹是車較下竪直者及較下横者直衡者並縱横相貫也○**參分軹圍去一以爲轂圍**兵車之轂圍二寸八十一分寸之十四轂式之植者衡者也鄭司農云轂讀如繫綴之綴謂車輿軨立者也立者爲轂横者爲軹書轂或作軨玄謂轂者以其鄉人爲名○轂音對又張歲反李一音都回反綴張歲反軨劉音領又音零下同鄉許亮反○【疏】注兵車至爲名○釋曰此轂形狀一與前經軹同但在式木之下對人爲名耳參分軹圍分前三寸二十七分寸之七取三寸去一寸得二寸餘七分者假令整寸爲八十一分此二十七分寸之七爲二十一分即是八十一分寸之二十一三分之去七分得十四分故云轂圍二寸八十一分寸之十四也云轂式之植者衡者也者先鄭讀轂爲綴又以轂軹爲一處解之後鄭皆不從者以其無所指歸故以鄉人爲名據前式下爲之也**圜者中規方者中矩立者中縣衡者中水直者如生焉繼者如附焉**治材居材如此乃善也如生如木從地生如附如附枝之弘殺

也○中丁仲反下皆同殺色界反○疏注治材至殺也○釋曰凡作車之法其材有圜者中于規有方者中于矩有直○豎立者中于繩縣之垂者衡橫也橫者中於水無高下也云直○如生焉者如木之從地初生云縈者如附焉者材有大小相附著○如木之枝柯本大末小之弘殺也**凡居材大與小無幷大倚小則摧引之則絕**幷偏邪相就也用力之時其大幷於小者小者強不堪則摧也其小幷於大者小者力不堪則絕也○居如字舊音據幷如字又必政反邪似嗟反疏凡居至則絕○釋曰上經言居材得所此經言不得所之事凡居材大與小無幷之使偏邪此汎說居材之法爲揔也云大倚小則摧者倚則幷也凡居材當各自用力若使大材倚幷小材小材強不堪大材所倚則摧折矣云引之則絕者上文云居材大與小無幷已言大倚小則摧未言小幷大之事則此引之則絕據小幷大而言也若小幷於大大木振其小木力不堪則絕斷也**棧車欲弇**爲其無革鞔不堅易坼壞也士乘棧車○棧士板反劉才產反弇劉於驗反又於檢反爲于僞反鞔莫淺反易以豉反坼勑白反○疏棧車欲弇○釋曰棧車無革鞔輿易可坼壞故當弇向內爲之云士乘棧車者巾車

職文

飾車欲侈　飾車謂革鞔輿也大夫以上革鞔輿故書侈作移杜子春云當爲侈

疏注飾車至爲侈○釋曰據大夫已上以革鞔輿不畏坼壞故欲得向外侈也云大夫以上者則天子諸侯之車以革鞔輿及轂以約也但有異物之飾者則得玉金象之名號無名號者直以革爲稱革路墨車之等是也若木路亦以革鞔但不漆飾故以木爲號孤卿轂上有篆飾即以篆縵爲名也按殷傳云未命爲士者不得乘飾車士得乘飾車者後異代法也

附釋音周禮注疏卷第三十九

武寧盧氏宣旬校定

大清嘉慶二十年重刊宋本
用文選樓藏本校定

知南昌府張敦仁署鄱陽縣候補知州周澍栞

周禮注疏卷三十九挍勘記　　阮元撰盧宣旬摘錄

附釋音周禮注疏卷第三十九

冬官考工記第六　唐石經作第十一非

釋曰鄭義既然　釋曰上脫一○

而工聚者者車爲多　補案者字誤重

唐虞已上曰共工　釋文作以上此作已非凡注用以上凡疏用已上

是營城郭郡城之制　惠挍本郡作都

僉曰垂才　閩監毛本才作哉○按賈所據古文尚書如此如張平子碑往才女諸之類也淺人不知乃改作哉字唐初尚書古字多有存者至衞包之改而盡矣

及陰陽之面背是也　余本嘉靖本毛本同閩監本背誤皆當訂正疏中惟毛本不誤

讀如冬資絺綌之資 余本岳本閩本同嘉靖本監毛本無綌字按賈疏引注亦無綌字

夾弓庾弓 毛本同閩監本作臾弓

方面形勢之宜也 閩監毛本勢作埶依經所改

今王旣棲會稽之上 監毛本棲改栖閩本誤越

元知有皮玉無水火者 惠校本作鄭知此誤

謂之王公 按注文云天子諸侯以天子釋王以諸侯釋公也近人或疑作謂之三公誤

唯篇百工一事而已 惠校本篇作據此誤閩監毛本篇改無非

秦無廬 釋文廬本或作蘆按蘆乃蘆之訛說詳下

待乃錢鎛 閩監毛本同誤也岳本嘉靖本待作偫釋文出偫乃二字當據正○按說文人部曰偫者儲偫也

其鏄斯捆　嘉靖本捆誤梱○按此皆用三家詩

盧讀爲纑　漢讀考云纑當作籚若纑字則當云讀如矣釋文盧或作籚正用注說易正文也○按說文竹部籚積竹矛戟矜也

竹欑柲　嘉靖本閩本同釋文作竹欑柲也此脫也字閩監本柲又誤秘○按說文櫕積竹杖也柲欑也

摩鐧之器　釋文亦作摩鐧是也賈疏作磨鐧非○按說文鐧作鑢

故知爲戟柄也　惠挍本爲下有矛

或有人解盧磨鐧之器者　惠挍本同閩監毛本磨作摩盧字閩監本同毛本作盧

言人人皆能云　此本言字實缺今據惠本補閩監毛本改

下劾之　此本及閩本實缺此句今據惠挍本補監毛本劾作效

運用謂之知 惠挍本閩本同監毛本用作物

無句作磬 惠挍本無作无

相理佐知所爲 閩監毛本相理作但聖誤

周當作舟 余本同嘉靖本閩監毛本云當爲舟按古周舟通詩大東舟人之子箋云舟當作周盧文弨曰堯廟碑委曲舟帀隸釋云以舟爲周

然後可以爲艮 監本後誤以

冬定體之屬 閩監毛本同浦鏜云冬定本又作寒奠按弓人寒奠體疏據注義爲冬定非賈本經作冬定也

鸜鵒不踰濟 唐石經諸本同釋文本作鸛鵒云徐劉音權公羊傳同本又作鸜左傳同賈疏本作鸜鵒云左氏傳作鸜鵒公羊傳作鸛鵒此經注皆作鸜字與左氏同按徐邈劉昌宗作鸛音權是此經舊作鸛鵒矣鄭注所引者爲

左氏傳則鄭所據左氏春秋亦作鸛賈疏本唐石經作鸜爲失其舊說文鳥部云古者鴝鵒不踰泲鵒或作鵅不稱周禮或據他書作鴝鵅也○按權勛一語之轉盩攷工記春秋皆有二本不同依說文別作鴝爲是也

有鴝鵒來巢　余本閩本同誤也嘉靖本監毛本鴝作鸜當據正○按作鴝與說文合不當改

公羊以爲鸛鵒　閩本同監毛本鸛誤鸜

先鄭依或讀爲貉　按貉當作猨

妢胡之笴　諸本同釋文之笴古老反注作稾同唐石經笴作笱漢讀考云可藉以正注中笱字之誤

及箘簬楛　嘉靖本同閩監毛本簬改簵非疏同此本疏中及葉鈔釋文皆作簬釋文楛作枯云音戶尚書作楛音同葉鈔本及余本皆如是通志堂本枯誤栝然則今注作楛爲改同尚書非也

故書笴爲笱　漢讀考笱作笱下同云可與笱相亂如尚書盡執抲或作執拘許叔重云俗謂苛之字止句苛水郡國志注作荷水皆其類也杜據儀禮笱字正笱爲字之誤

妢讀爲焚咸丘之焚　漢讀考作讀如

笴讀爲槀謂箭槀　余本嘉靖本閩毛本同誤也監本槀作
槀漢讀考云蓋禾槀字引伸爲矢幹字
○按釋文曰笴古老反注作槀同今通志堂本譌作槀
非也槀从木音苦浩反不音古老反也

注剕剕至箭槀○惠挍本閩本同監毛本槀作槀下並同
按此皆从禾者爲是

此州中生聆風　監本生誤坐聆風者竹名也

摶埴之工二　唐石經同余本嘉靖本閩監毛本摶作摶下同
釋文曰李音團劉音摶按注云摶之言拍也則
當從劉昌宗音博李軌音團釋文唐石經作摶誤也戴震攷
工記圖言之詳矣

刮作捖　經義雜記曰檀弓華而睆注說者以睆爲刮節目
字或作刮考說文無捖睆即盰之重文義皆不合
惟刀部有刓字云剸也从刀元聲一日齊也二禮當用此
字摩刮節目正齊之之意古元完同聲因誤作睆或作捖
也

函鮑韗韋裘　唐石經諸本同釋文韗本或作鞾同按說文革部云韗攻皮治鼓工也从革軍聲讀若運或从韋作韗是從革者爲正字讀若運與鄭司農同

畫繢鍾筐㡆　唐石經余本嘉靖本閩本同監毛本鍾改鐘非○按依說文㡆當作𢄼从巾巟聲

陶旊　唐石經諸本同誤也釋文嘉靖本旊作瓬注中同案說文瓦部云瓬周家摶埴之工也从瓦方聲讀若抵破之抵當據此訂正今本從扵非石經考文提要云從五經文字宋纂圖互注本余本作瓬下瓬人凡陶瓬之事並同

㑥儒扶盧　閩監毛本同誤也余本嘉靖本盧作盧此本疏引國語皆作盧當據正說文竹部引作籚此省作盧

鮑讀爲鮑魚之鮑　漢讀考云當作讀如

書或爲鞄　說文鞄柔革工也从革包聲讀若朴周禮曰柔皮之工鮑氏鞄卽鮑也按鞄正字鮑假借字是許君所據周禮本亦作鮑葢周禮多古文假借字也

蒼頡篇有鞄莬釋文閩監毛本皆作鼗此舊作莬譌今訂正余本作莬嘉靖本及漢制考作莬此本疏中兩引作鮑鼗非蒼頡篇用正字作鞄从革

韗讀爲歷運之運帨讀爲芑芑禹迹之芑漢讀考云讀爲皆當作讀如

瓬讀爲甫始之甫漢讀考云當作讀如

上文其數閩監毛本文作云

方言戟三刃特○閩監毛本特作持浦鏜云此枝字之誤按檢方言正作枝

遽除蒙瑑閩監毛本除作篨

謂嬴氏曰毛本作嬴氏當據正

禹降水儆予毛本降改洚非

由所尚也閩監本同誤也余本嘉靖本毛本由作周當據正今正

法易之三材六畫 余本嘉靖本同閩監毛本法改灋非疏及下同

上林賦云從風倚移 惠挍本亦倚移從風此誤倒

酋矛二丈也 惠挍本也上有者

蓋以操之爲已戚矣 余本嘉靖本同閩監毛本戚改蹙非按釋文音經戚速徐劉將六反李音促注同是陸本此亦作戚也賈疏引公羊傳作蹙○按戚正蹙俗

初衞侯游于郊子南僕 閩監毛本南誤男

則於馬終古登阤也 唐石經諸本同釋文作登陁

軹崇三尺有三寸也 戴震云軹當作軒音笄下去三以爲軹同詳攷工記圖

加輪與轐二者七寸 浦鏜云軫誤輪

輪人

欲其幎爾而下迆也 唐石經諸本同此本疏中引經迆作迤又按段玉裁云疏云不迆者謂輻上至轂兩兩相當正直不旁迆故云不迆也然則經文下迆本作不迆甚明下乃譌字耳今自唐石經已下經文皆誤而疏中二不迆字亦經淺人改爲下迆不可不正也

謂輻轂上轂至 按當作輻上至轂衍一轂字至轂誤倒

欲其孿爾而纖也 唐石經諸本同宋本脫迆字說文孿人臂貌从手削聲周禮曰輻欲其孿尒

孿讀爲紛容孿參之孿 困學紀聞云卽上林賦紛容箾蔘

望其轂欲其眼也 唐石經諸本同說文輥轂齊等貌从車昆聲周禮曰望其轂欲其輥所讀與先後鄭異眼與輥聲相轉戴震從說文

綆讀爲關東言餅之餅 漢讀考作讀如

云爲蔀 浦鏜云當作亦爲蔀

稹理而堅唐石經諸本同釋文稹本又作槇按釋文稹穜概也从禾真聲引周禮稹理而堅是此經舊從禾作槇非也

則轂雖敝不蔽唐石經諸本同釋文蔽作歡按說文艸部引周禮轂雖敝不蔽

稹讀爲奠祭之奠漢讀考作讀如云漢時奠音如震

蔽當作秏余本同釋文嘉靖本秏作秏從禾是也閩監毛本作耗非

大而短則摯唐石經諸本同宋本摯作摯按釋文則摯讀爲槷劉魚列反戚魚結反蓋皆據注讀爲槷也唐石經此摯從執下則無摯而固摯從埶省二字畫然則宋本非○按唐石經非

摯讀爲槷謂輻危槷也此本及閩監本槷誤摯今據余本嘉靖本毛本訂正

則轂末不堅宋本嘉靖本無轂按賈疏引注語無轂字今本有者衍文

以其圍之阞捎其藪釋文唐石經捎字皆從手諸本同匠人爲溝洫梢溝三十里賈疏引此作梢其

藪字從木當據正唐宋人作書木旁往往變從手○案从才从木二字說文皆有之難以猝定

捎讀爲桑蛸蛸之蛸 余本同誤也嘉靖本閩監毛本作桑螵蛸當據正漢讀考作讀如

藪讀爲蜂藪之藪謂轂空壺中也 九經古義云說文樔車轂中空也从木巢聲讀若藪然則藪本作樔讀爲藪也

蜂藪者猶言趨也藪者衆輻之所趨也 漢讀考云蜂藪者作藪者藪者作蜂藪者云今本互誤

故以防爲三分之一釋之也 惠挍本釋作解

得二寸仍有一寸三分寸之三在 閩監毛本二寸作三浦鏜云之二誤之三

今大小穿金厚一寸 戴震云今當作令賈疏已誤

鄭司農云讀容上屬 盧文弨曰云疑衍

元謂容者漢讀考作容轂者補一轂字

深三寸半惠挍本上有鑿

轂不折唐石經諸本同惠挍本折一作坼非

則雖有深泥唐石經先作其後改有

謂殺輻之數也余本之作内○按内字是

非謂揚雄以異方之語不同方言也惠挍本同下有謂之

謂云喪禮綴足用燕凡骰在南之類此當作士喪禮綴足燕用几校在南

文在旣夕記士喪禮之下篇也

則無槷而固閩監本同誤也唐石經余本嘉靖本毛本槷作㮚當據正下及注疏同葉鈔釋文亦作㮚魚列

反今通志堂誤作槷今正

槷㮘也 余本嘉靖本與此本同㮘字從木閩監毛本及漢制考從手釋文徐本作擨葉鈔本作㮘從手者譌

從木埶省聲 嘉靖本閩監毛本埶作熱是也謂槷字之埶乃熱字省火成埶耳非從形埶字也余本岳本作執省聲誤○按不曰从埶聲者取其音之相近也說文無槷字而有㮇字木相摩也今正

孔向外侵三寸之二 按三下當脫分

則是搏以行石也 閩監毛本同誤也唐石經余本嘉靖本搏作摶當據正注及疏同釋文摶徒丸反李又丈轉反字皆從專石經考文提要云宋纂圖互注本宋附釋音本余仁仲本皆作摶

凡揉牙外不廉而内不挫 唐石經諸本同按說文熑火熑車輞絕也从火兼聲周禮曰熑牙外不熑又文選長門賦心熑移而不省故李善引鄭元周禮注曰熑絕也據此則周禮經注廉本作熑今此注作廉絕也釋文無音所據本與許李殊矣揉字亦當从火作煣故上揉輻注云揉謂以火槁之

是用火之善也是故規之以視其圜也 閩本同監毛本删下九字蓋以

爲下經誤衍於此耳此當是疏引經語以證用火之善

○按謂之衍文而刪之是也

鄭司農云讀爲萬 按云下當脫禹字

見今車近萬蔞於輪一邊 按今蓋令之誤

若平深均 浦鏜云沈誤深

百二十斤曰石之言也 浦鏜云之言誤倒

故可規可萬 唐石經諸本同惠挍本故上有是

輪人爲蓋 唐石經諸本皆提行釋文不更出輪人字蓋合上爲一節

合爲二十字 岳本嘉靖本閩監毛本同余本十作四皆誤賈疏引注作合爲廿字當據正○按說文省二十爲廿則讀如入省三十爲卅則讀如颯皆不讀爲兩字此所以秦碑用以成四字句也此經二字句絕十字下屬不可用廿字而漢以前寫經者誤合之鄭子春之訂正是故漢儒之功大矣

謂覆斡也 余本嘉靖本同閩監毛本斡誤幹疏同毛本下斡字不誤釋文斡作幹云或作斡俱音管○按斡從斗䡔聲音管俗音烏八切詳匡謬正俗今時多用俗音矣

參分弓長而揉其一 嘉靖本揉誤楺○按揉依說文當作煣

長爲宇曲鄭又覆言之 惠挍本長下有者此脫又宇此本誤文今據惠挍本訂正閩監毛本改反非

此言弓近蓋計復羅 當作弓近蓋部頭羅

槀車蔵簑笠 閩本同監毛本槀作稾下同○按从禾者是也據釋文槀古老反是必从禾若从木則苦浩反矣儀禮古文作槀車今文作潦車

良蓋弗冒弗紘 閩監毛本冒誤胃

般畝而馳不隊 諸本同唐石經作般畝而馳不墜此本疏亦作畝釋文畝作畝隊仍作隊○按畝者畝之

誤也壂者隊之俗也

輿人

云或深尺四寸三分寸之二者　浦鏜云式誤或

故書較作㩁　余本岳本嘉靖本同閩監毛本㩁作榷非今釋文作榷余本載音亦作榷○按故書以同音假借說文从手从木二字皆有不能定孰是孰非

使王黑以靈姑鉥率吉　閩監毛本鉥作鉦此蓋鉥之譌

以前較謂四寸九分寸之八　浦鏜云圍誤謂

云直如生焉者　惠挍本直下有者

材有大小相附著　惠挍本下有者

周禮注疏卷三十九挍勘記終

南昌袁柰開挍

附釋音周禮注疏卷第四十

鄭氏注　賈公彥疏

輈人爲輈輈車轅也詩云五楘梁輈○輈張留反方言云楚衛之間轅謂之輈楘音木本又作鞪同〔疏〕輈人爲輈○釋曰於三十工無輈人之官但車事是難故車官別主此職也云詩云五楘梁輈者秦詩引之者證輈是車轅之事彼注云楘歷録也梁輈上句衡也一輈五束束有歷録是也

輈有三度軸有三理目下事度深淺之數〔疏〕注目下至之數○釋曰云度深淺之數者四尺七寸之等是也

國馬之輈深四尺有七寸國馬謂種馬戎馬齊馬道馬高八尺兵車乘車軹崇三尺有三寸加軫與轐七寸又并此輈深則衡高八尺七寸也除馬之高則餘七寸爲衡頸之間也鄭司農云深四尺七寸謂轅曲中○種章勇反齊側皆反轐音卜舊方木反又音僕〔疏〕注國馬至曲中○釋曰知馬有六種下文有田馬駑馬明此四者當國馬也庾人云馬八尺以上爲龍故鄭云高八尺云兵車乘車軹崇三尺有三

寸者上文云兵車輪崇六尺有六寸軹崇三尺三寸加軫與轐四尺是也云餘七寸爲衡頸之間也者按下文注衡圍一尺三寸五分寸之一頸圍九寸十五分寸之九幷尺三寸與九寸爲二尺二寸衡圍五分寸之一於十五分寸之九當得十五分寸之三幷頸圍十五分寸之九爲十五分寸之十二圍三徑一二十一寸徑七寸餘有一寸十五分寸之十二一寸復分之爲十五分通前十五分寸之十二爲二十七徑得十五分寸之九此九分當爲馬頸低消之先鄭云深四尺七寸謂輈曲中者此據輿以上而言故後鄭從之也

田馬之輈深四尺田車軹崇三尺一寸半幷此輈深而七尺一寸半今田馬七尺衡頸之間亦七寸則軫與轐五寸半則衡高七尺七寸

疏注田車至七寸○釋曰鄭以上文田車輪崇六尺有三寸軹崇三尺一寸半幷此輈深四尺爲七尺一寸半加軫與轐五寸半揔七尺七寸駑馬高七尺則七寸亦衡頸之間消之也知加軫與轐五寸半不七寸者亦約軹崇與兵車軹崇校寸半明軫轐亦校寸半也云田馬七尺者亦約廋人馬七尺曰騋以其兵車乘車駕國馬明田車騋馬也以此約之明役車駕駑馬也

駑馬之輈深三尺有三寸輪軹與軫轐大小之減率寸半也則駑馬

之車軹崇三尺加軫與轐四寸又并此輈深則衡高六尺七寸也今駑馬六尺除馬之高則衡頸之間亦七寸○㦲本又作減同洽斬反率音類又音律下同疏注輪軹至七寸也○釋曰鄭以田車之輪下於兵車乘車軹崇及軫轐皆校一寸半則駑馬是六尺之馬所駕之車又宜下故知輪軹軫轐大小之減率例一寸半與田車減兵車乘車同也是以鄭解駑之車皆減田車一寸半也若然衡頸之間同七寸者車雖有高下至於衡頸不得不同故下云小於度謂之無任衡頸用力是同是以不得有麤細

輈有三理一者以爲媺也無節目也疏軸有至媺也○釋曰上文雖輈與軸並列輈有三度已言軸有三理未說故於此重起端序耳云一者以爲美也者無節目是軸之美狀也

二者以爲久也堅刃也

三者以爲利也滑密

軏前十尺而策半之謂輈軏以前之長也策御者之策也十或作七合七爲弦四尺七寸爲鉤以求其股股則短矣七非也鄭司農云軏謂式前也書或作軓玄謂軓是軓法也謂輿下三面之材輢式之所尌持車正也○軏劉音犯注同軓音犯尌音樹疏注謂輈至正也○釋曰云軏謂車式式前十尺謂轅曲中而策

半之半之策則五尺矣言策者策以禦馬欲取策與輈長短相稚合度之意也云十或作七合七爲弦四尺七寸爲鉤以求其股股則短矣者七七四十九四丈九尺四四十六丈六尺七七四十九又得四尺九寸并之二丈九寸筭法以鉤除弦以二丈九寸除四丈九尺仍有二丈八尺一寸在然後以求其股以二丈八尺一寸方之爲五尺之方五五二十五用二丈五尺爲方五尺也餘有三尺一寸皆以方一寸乘之得三百一十寸方之三百寸得廣六寸長五尺中分之裨前五尺之方一廂得三寸角頭方三寸三三而九又用一寸之方九餘有一寸之方一在揔得方五尺三寸餘方一寸以此言之則輈前惟有五尺三寸不容馬故云股則短矣七非也云書或作軓玄謂軓是軓法也謂輿下三面之材輢式之所尌持車正也者若然經作軓字不爲軓先鄭以軓爲式前後鄭從古書軓不從軓者以軓爲法是定雖有小儀祭軓字爲車旁凡與此古書車旁已字雖異同是式前若作軓則不可軓謂轂廣轂末亦爲軓軓故少儀云祭左右軓軓即轂末考工經涂九軓軓即轍廣是軓不定故從軓也

凡任木目車持任之材〔疏〕注目車持任之材○釋曰此與下經爲目任木即下云任正以下是也

任正者十分其輈之長以其

一爲之圍衡任者五分其長以其一爲之圍小於度謂之無任任正者謂輿下三面材持車正者也輈軌前十尺與隧四尺四寸凡丈四尺四寸則任正之圍尺四寸五分寸之二衡任者謂兩輈之間也兵車乘車衡圍一尺三寸五分寸之一無任言其不勝任○隧雖遂反輈於革反勝音升【疏】任正至無任○釋曰任正與衡任麤細不同者各有所宜故不同也是以云小於度謂之無任無任謂折壞不任用也○注任正至勝任○釋曰名任正者此木任力車輿所取正以其兩輢之所樹於此木較式依於兩輢故曰任正也云三面材者此木下及兩旁見面其上面託著輿板其面不見故云三面材也云輈軌前十尺與隧四尺四寸者以其經云輈則軌前與下摠是輈故鄭通計之一丈得一尺四尺得四寸四寸者一寸爲五分四寸爲二十分得二分故云任正之圍尺四寸五分寸之二云衡任者謂兩軛之間也者服馬有二一馬有一軛軛者厄馬領不得出云兩厄之間則當輈頭之處費力之所者也云兵車乘車衡圍一尺三寸五分寸之一者田車之衡更無別文亦應與兵車乘車同鄭特言此二者都無正文且據尊者而言其田車之衡任亦當同也衡

長六尺六寸五尺得一尺又以尺五寸得三寸又以一寸五者爲五分得一分故云衡圍一尺三寸五分寸之一也

分其軫間以其一爲之軸圍軸圍亦一尺三寸五分寸之一與衡任相應

疏注軸圍至相應○釋曰上輿人云輪崇車廣衡長參如一則軫間即輿廣輿衡長俱六尺六寸以六尺六寸五分取一與衡任同故軸圍亦一尺三寸五分寸之一與衡任相應也

十分其輈之長以其一爲之當兔之圍輈當伏兔者也亦圍尺四寸五分寸之二與任正者相應

疏注輈當至相應○釋曰當兔謂輿下當橫軸之處亦通計輈之軌前及隧揔計一丈四尺四寸十分取一故輈之伏兔之處麤細之圍有一尺四寸五分寸之二與相應也

參分其兔圍去一以爲頸圍頸前持衡者圍九寸十五分寸之九

疏注頸前至之九○釋曰衡在輈頸之下其頸於前向下持制衡鬲之輔故云頸前持衡轂者也云圍九寸十五分寸之九者以前當兔圍有一尺四寸五分寸二今以一尺二寸三分之去四寸得八寸又以一寸者分爲十五分二寸爲三十分又以五分寸二者爲六分并三十分爲三十六分三

十分去十分得二十分六分者去二分得四分摠得二十四分以十五分爲一寸仍有九分在涿前八寸摠九寸十五分寸之九也

五分其頸圍去一以爲踵圍踵後承軫者也圍七寸七十五分寸之五十一【疏】注踵後至十一○釋曰踵後承軫之處似人之足跗在後名爲踵故名承軫處爲踵也還以上注九寸十五分寸之九計之取五寸去一寸得四寸仍有四寸九分在一寸爲七十五分四寸爲三百分又以十五分寸之九者轉爲四十五分三百分五分去一去六十分得二百四十分四十五分者五九四十五爲五分分得九分去一九得三十六分并前摠二百七十六分還以七十五分約寸取二百二十五分爲三寸添前四寸爲七寸餘有五十一是以鄭云圍七寸七十五分寸之五十一也

凡揉輈欲其孫而無弧深孫順理也杜子春云弧讀爲淨而不汙之汙玄謂弧木弓也凡弓引之中參中參深深之極也揉輈之倨句如二可也如三則深傷其力○孫音遜注同弧音胡杜音烏汙李音烏一音紆【疏】注孫順至其力○釋曰言揉者以火揉使曲也欲其孫者欲使順理揉之云無弧深者無得如弓之深弓之深大曲也玄謂弧木弓也者見於三倉六弓皆是角反張者也易云弦木爲

弓是木弓也云凡弓引之中參中參深之極也者弓之下制六尺引之引之三尺是中參深之極也云如二可也者六尺引二尺若然九尺得三尺尺則是弓一尺得三寸三分寸之一輈軌以前十尺國馬之輈深四尺七寸與二不相當者通計一丈四尺四寸并輿下數之故得二也二者輈摠長丈四尺四寸且取丈二尺得四尺餘二尺四寸復得八寸摠爲四尺八寸是國馬之輈猶不滿二之數也言二舉大而言

今夫大車之轅摯其登又難既克其登其覆車也必易此無故唯轅直且無橈也

大車牛車也摯輖也登上阪也克能也○夫音符摯竹二反覆芳服反易以豉反下注之易喻易同輖音周一音弔或竹二反上時掌反下登上也

【疏】今夫至橈也○釋曰攻木之工有七輪人輿人造四馬車自上以來所陳者是也車人造大車柏車羊車是駕牛車自在下車人今於此說大車者但輈人造輈主爲四馬車轅因說駕牛者亦須曲橈之意是以下文云是故輈欲頎典已下還說四馬之轅也此一經說牛車轅不橈之意○注大車至能也○釋曰知大車牛車也者車人大車柏車皆牛車又下文云縊其牛故知牛車也

是故大車

平地既節軒摯之任及其登阤不伏其轅必縊其牛此無故唯輈直且無橈也阤阪也故書伏作偪杜子春云偪當作伏○縊一臂反劉於計反偪音逼故登阤者倍任者也猶能以登及其下阤也不援其邸必緧其牛後此無故唯輈直且無橈也倍任用力倍也故書緧作鰌鄭司農云鰌讀爲緧關東謂紂爲緧鰌魚字○援音袁邸丁禮反緧音秋鰌音秋與緧同○〔疏〕注倍任至魚字○釋曰云故書緧作鰌先鄭云鰌讀爲緧關東謂紂爲緧者按方言本紂自關而東韓鄭汝潁而東謂之爲緧或謂之爲曲綯自關而西爲紂云鰌魚字者破故書爲鰌也字猶名也既鰌是魚名明不從故書也

是故輈欲頎典頎典堅刃貌鄭司農云頎讀爲懇典讀爲殄駟馬之輈率尺所一縛懇典似謂此也○頎苦很反典音殄又勑殄反注同〔疏〕注頎典至此也○釋曰此已下還說四馬車輈也先鄭云四馬之輈率一尺所一縛者此即詩五楘梁輈一也○

輈深則

折淺則負揉之大深傷其力馬倚之則折也揉之淺則馬善負之○倚於綺反〈疏〉注揉之至負之○釋曰揉之大深則如上弧深云馬倚之則折也者馬不倚深亦不折故以馬倚之乃折云揉之淺則馬善負之者輈直似在馬背負之相似故善負之本或作若負皆合義不須改也輈注則利準利準故書準作水鄭司農云注則利水謂轅脊上雨注令水去利也玄謂利水重讀似非也注則利謂輈之揉者形如注星則利也準則久謂輈之在輿下者平如準則能久也和則安注與準者和人乘之則安○準音水又如字下及注皆同重直用反又直龍反〈疏〉注故書至則安○釋曰依後鄭讀當云輈注則利也準則久也和則安也利準不重讀先鄭依故書準爲水解之後鄭不從者輈轅之上縱不爲雨注水無停處故不從也後鄭云輈之揉者形如注星則利也者此無正文亦是後鄭以意解之○輈之謂形勢似天上注星車之利也云準則久者準平也亦水之類故以準爲平解之云輈之在輿下者平如準者輈平與亦平平則穩故得長久也云和則安注與準者和人乘之則安者注謂轅曲中以前準謂在輿下前後曲直調和則人乘之安穩安知據人者見下文云終日馳騁左不倦又云

終歲御衣衽不敝是安據人可知也**輈欲弧而折經而無絕**揉輈大深則折也經亦謂順理也○〔疏〕注揉輈至理也○釋曰云輈欲弧而無折者按上文云孫而無弧深此云欲弧而無折者此欲得如弧無使折無使折則不弧深亦一也此云經而無絕即上文欲其孫亦一也故鄭云經亦謂順理也**進則與馬謀退則與人謀**言進退之易與人馬之意相應馬行主於進人則有當退時〔疏〕注言進至退時○釋曰車是無情之物人馬則有情有情乃有謀今言車與人馬謀者若下文猶能一取皆是喻其利也故鄭云言進退之易與人馬之意相應云馬行主於進人則有當退時者馬之進退由人縱止恐策及之惟知其進故云馬行主於進人則有當退時去住自由路遠則倦故當有退時**終日馳騁左不楗**杜子春云楗讀爲蹇左面不便馬苦蹇輈調善則馬不蹇也書楗或作券玄謂券今倦字也輈和則久馳騁載在左者不罷倦尊者在左○楗杜音蹇鄭音倦便婢面反罷音皮〔疏〕注杜子至在左○釋曰子春意據軍將乘車之法將在中故御者在左楗爲蹇澀解之四馬六轡在御之手而不在中央而在於左故云左面不便馬苦蹇輈調善則馬不蹇

也云書轅或作劵玄謂今倦字也以爲尋常在國乘車之法尊在左御者中央故取上文和安解之言輈和而久馳騁載在左者不罷倦尊者在左者曲禮云乘君之乘車不敢曠左。左必式注云君存惡空其位是尊者在左也**行數**

千里馬不契需鄭司農云契讀爲爰契我龜之契需讀爲畏需之需謂不傷蹄不需道里○契苦結反注同需音須又乃亂反〈疏〉注鄭司至道里○釋曰云先鄭云契讀爲爰契我龜之契者詩之文也需讀爲畏需之需謂從易需卦之需

終歲御衣衽不敝衽謂裳也○衽而甚反又而鴆反〈疏〉注衽謂裳也○釋曰禮記深衣續衽鉤邊者據在旁屬帶處至於問喪云扱上衽及曲禮云苞屨扱衽不入公門此皆據深衣十二幅要閒之裳皆是衽故此注云衽謂裳也

此唯輈之和也和則安是以然也謂進則與馬謀而下〈疏〉注和則至而下○釋曰揔結上進則與馬謀已下四經四者皆由輈和

勸登馬力登上也輈和勸馬用力

馬力既竭輈猶能一取焉馬止輈尚能一前取道喻易進

良輈環灂自伏兔不至軓七寸

軓中有灂謂之國輈伏兎至軓蓋如式深兵車乘車式深尺四寸三分寸之二灂下至軓七寸則是半有灂也輈有筋膠之被用力均者則灂遠鄭司農云灂讀爲灂酒之灂環。謂漆沂鄂如環。灂子肖反李音在學反被皮寄反沂魚巾反鄂五各反。

疏注伏兎至如環。釋曰經云自伏兎不至軓七寸者是從內向外之言更云軓中有灂者灂謂漆則七寸外軓內乃有灂云伏兎至軓蓋如式深者伏兎銜車轄在輿下短不至軓軓即輿下三面材是也無伏兎處去軓遠近無文以意斟酌經云自伏兎不至軓七寸明七寸之外更有寸數故鄭云伏兎至軓蓋如式深也即引兵車乘車式深一尺四寸三分寸之二爲證此數即上云隧四寸三分寸一在外以揉其式是也若然自伏兎至軓亦一尺四寸三分寸之二如是輈轅之深人式下半一尺四寸三分寸。二有七寸三分寸。一直言半有灂者據七寸不言三分寸之一舉全數而言也言用力均者則灂遠者用力均謂輈前十尺并入式下曲直皆用力則漆入式下七寸是灂遠也先鄭讀灂爲灂酒之灂者讀從士冠禮若不醴灂用酒之灂也云環灂謂漆沂鄂如環者指謂漆之文理也

軫之方也以象地也蓋之圜也以象天也輪

輻三十以象日月也蓋弓二十有八以象星也輪象日月者以其運行也日月三十日而合宿〈疏〉軫之至星也。釋曰此言摠締上車及蓋取象之意云軫之方也以象地也者據輿方而言不言輿言軫者軫是輿之本故舉以言之云蓋之圜也以象天也者即上輿人所造者也云以象星者星則二十八宿一面有七角亢之等是也若據日月合會於其處則名宿亦名辰亦名次亦名房也若不據會宿即指星體而言星也。注輪象至合宿。釋曰云輪象日月者以其運行也日月三十日而合宿者輪乃運行之物至於一日則一日行一度一年一周天月行十三度十九分度之七一月一周天又行一辰遂及日而合宿是日月亦是運行之物故以輪象之也龍旂九斿以象大火也交龍爲旂諸侯之所建也大火蒼龍宿之心其屬有尾尾九星。斿音留宿音秀下同〈疏〉注交龍至九星。釋曰自此以下爲上造車車上皆建旌旂故因説旌旂之義也然此已下九斿七斿六斿四斿之旌旂皆謂天子自建非謂臣下知者以此九七六四不與臣下命相當故也若臣下則皆依命數然天子以十二爲節而今建九斿七斿六斿四斿者蓋謂上得兼下也云交龍爲旂諸侯之所建也者皆司常文此既非臣下所建而鄭引司常者蓋取彼交龍以釋此旂因言諸侯亦建旂非謂此經論諸侯事云大火蒼龍宿之心者書大傳云夏大火中可種黍菽及春秋火出皆此大火一也東方木色蒼東方七宿畫爲龍故曰蒼龍日月季秋會於此星則曰宿角亢氐房心尾箕次此言之則曰心故云大火蒼龍宿之心也云其屬有尾尾九星者是九斿所象也言九斿若此正謂天子云龍旂其上公亦九斿若侯伯則七斿子男則五斿大行人所云者是也

鳥旟七斿以象鶉火也　鳥隼爲旟州里之所建鶉火朱鳥宿之柳其屬有星星七星〇〔疏〕注鳥隼至七星〇釋曰云鳥隼爲旟州里之所建司常職文州長中大夫四命里宰下士一命皆不建得建此七斿之旟言州里建旟者亦取彼成文以釋旟非謂州里得建七斿也云鶉火朱鳥宿之柳其屬有星星七星者南方七宿畫爲鶉畫爲鳥火色朱日月六月會于柳故云宿之柳也云其屬有星星七星者月令云旦七星中是也不指七星言柳乃云其屬有星者當鶉火三星柳爲首故先舉其首後言其屬也若然上心與尾別辰心非尾之首亦舉心後言其屬尾者心爲大辰雖非本辰亦爲其首也

熊旗六斿以象伐也　熊虎爲旗師都

之所建伐屬白虎宿與參連體而六〔疏〕注熊虎至六星○
星○象伐如字劉扶廢反參色林反釋曰云熊虎爲旗
師都之所建者亦司常職文云伐屬白虎宿與參連體而六
星者西方七宿畫爲虎金色白孟夏日月會則巳宿參伐六
星爲上下是連體也師都鄉遂大夫也鄉大夫雖是六命即
得建六斿遂大夫是中大夫四命即不得建六斿此亦謂天
子所建也**龜蛇四斿以象營室也**龜蛇爲旐縣鄙之所建營室玄武宿與東
壁連體而四星○東壁音壁○〔疏〕注龜蛇至四星○釋曰龜蛇爲旐縣鄙
之所建者亦司常職文縣正雖是下大
夫四命鄙師上士三命即不得建四斿此亦謂天子自建也
云營室玄武宿者玄武龜也有甲能禦扞故曰武水色玄孟
春日月會故曰宿云與東壁連體而四星者營室是北方七
宿室在東壁在西西壁而言東壁者據十月在南方壁在東
故云東壁也此星一名室壁一名營室一名水春
秋云水昏正而栽是也一名定定之方中是也○**弧旌枉**
矢以象弧也覲禮曰侯氏載龍旂弧韣則旌旗之屬皆有弧也弧以張縿之幅有衣謂之韣又爲
設矢象弧星有矢也妖星有枉矢者蛇行有尾因此云枉
矢蓋畫之○韣音獨縿所銜反本又作幓同爲于僞反〔疏〕

注覲禮至畫之○釋曰云弧旌者弧弓也旌旗有弓所以張縿幅故曰弧旌也云枉矢者就旌旗張縿弓上亦畫枉矢於上云以象弧也者象天上弧星弧星則矢星也引覲禮侯氏載弧韣而云旌旗之屬皆有弧者按司常云全羽爲旞析羽爲旌則無縿幅可張而云旌旗之屬皆弧者此二者無弧而云之屬者舉衆而言謂若司常注云九旗之帛皆用絳亦舉衆而言也云有衣謂之韣者韣韜也以衣韜其弓謂之弓韜月令帶以弓韣是也云又爲設矢象弧星有矢也者天上弧星有枉矢即引孝經緯枉矢者蛇行有毛目此云枉矢蓋畫之知畫之者以其弓所以張幅幅非弦不可着矢以畫於縿上也按孝經援神契云枉矢所以射慝謀輕考異郵曰枉矢狀如流星蛇行有毛目天文志曰枉矢類大流星蛇行而蒼黑○長數尺○

攻金之工築氏執下齊冶氏執上齊鳧氏爲聲㮚氏爲量段氏爲鎛器桃氏爲刃多錫爲下齊大刃削殺矢鑒燧也少錫爲上齊鍾鼎斧斤戈戟也聲鍾錞于之屬量豆區鬴也鎛器田器錢鎛之屬刃大刃刀劒之屬○齊才細反下及注皆同段丁亂反削如字李音笑下同燧音遂錞音淳區烏侯反鬴音輔錢子淺反

疏

攻金至爲刃○釋曰此經與下爲目云築氏執下齊冶氏執上齊者據下文六等言之四分已上爲上齊三分已下爲下齊築氏爲削在二分中上仍有三分大刃之等亦是下齊若然築氏於下齊三等之内於此舉中言之梟氏爲聲按梟氏爲鍾此言聲者鍾類非一故言聲以包之故注云聲鍾錞于之屬桃氏爲刃按下文桃氏爲劒此言刃變言之者亦是劒類非一故注云刃大刃刀劒之屬也○注多錫之屬○釋曰云多錫爲下齊者據下文參分其金而錫居其一謂之大刃之齊云削殺矢者即下文云五分其金而錫居二謂之削殺矢之齊是也云鑒燧也者即下文金錫半謂之鑒燧之齊是也云少錫爲上齊鍾鼎斧斤戈戟也者即下文四分其金而錫居一謂之戈戟之齊已上皆是上齊若然梟氏入上齊桃氏入下齊其㮚氏爲量段氏爲鎛器亦當入上齊中云量豆區鬴也者左氏傳晏子云齊舊四量豆區釜鍾四升爲豆四豆爲區區各自其四以登於釜釜十則鍾云鎛器田器錢鎛之屬者詩云庤乃錢鎛注云錢銚錢○鎒是也云刃大刃刀劒之屬者桃氏爲劒及刃皆大刃也

金有六齊目和金之品數

六分其金而錫居一謂之鍾鼎之齊五分其金而錫居一謂

之斧斤之齊四分其金而錫居一謂之戈戟之齊參分其金而錫居一謂之大刃之齊五分其金而錫居二謂之削殺矢之齊金錫半謂之鑒燧之齊鑒燧取水火於日月之器也鑒亦鏡也凡金多錫則忍白且明也○則忍音刃

疏金有至之齊○釋曰上文築氏執下齊冶氏執上齊今於此文戈戟之齊在四分其金而錫居一之中則此已上六分其金與五分其金在上齊中參分其金已下爲下齊中可知其斧斤在上齊上齊中惟有冶氏造戈戟則斧斤亦當冶氏爲之矣○注鑒燧至明也○釋曰云取水火於日月之器也者司烜氏職文云凡金多錫則刃白且明也者據大刃已下削殺矢等鑒燧入且明之内

築氏爲削長尺博寸合六而成規今之書刃

疏築氏至成規○釋曰鄭云今之書刃者漢時蔡倫造紙蒙恬造筆古者未有紙筆則以削刻字至漢雖有紙筆仍有書刃是古

之遺法也若然則經削反張爲之若弓之反張以合九合七合五成規也此書刀亦然馬氏諸家等亦爲偃曲却刃也○

欲新而無窮 謂其利也鄭司農云常如新無窮已 敝盡而無惡 鄭司農云謂鋒鍔俱盡不偏索也玄謂刃也脊也其金如一雖至敝盡無瑕惡也○鍔五各反

冶氏爲殺矢刃長寸圍寸鋌十之重三垸 殺矢與戈戟異齊而同其工似補脫誤在此也殺矢用諸田獵之矢也鋌讀如麥秀鋌之鋌鄭司農云鋌箭足入槀中者也垸量名讀爲丸○鋌徒頂反垸音丸齊才細反槀古老反 疏 注殺矢至爲丸○釋曰云殺矢與戈戟異齊而同其工者按上文戟在上齊內殺矢在下齊中是異齊今此同工不可也云似補脫誤在此也者按下矢人自造八矢殺矢彼已有此亦有是彼脫漏有人於彼補脫訖更有人補於此是誤在此也云殺矢用諸田獵之矢也者司弓矢職文先鄭直云垸量名讀爲丸者其垸是稱兩之名非斛量之號又讀爲丸未知欲取何義後鄭引之在下者以其垸之度量其名未聞無以破之故引之在下也

戈廣二寸內倍之胡三之援四之 戈今句孑

戟也或謂之雞鳴或謂之擁頸内謂胡以内接柲者也長四寸胡六寸援八寸鄭司農云援直刃也胡其孑○句古侯反下句兵同柲音祕

疏　戈廣至四之○釋曰戈廣二寸者據胡寛狹云内倍之者據胡下柄入處之長胡三之據胡之長援四之據最上刺刃之長也○注戈今至其孑○釋曰據此上下文戈與戟別而鄭云戈今句孑戟戈戟共爲一者據漢法而言漢時見胡撗之句孑戟云或謂之雞鳴者以其胡似雞鳴故也云或謂之擁頸者以其胡曲故謂之擁頸有此數名也云内謂胡以内接柲者即柄也

已倨則不入已句則不決長内則折前短内則不疾

戈句兵也主於胡也已倨謂胡微直而邪多也以啄人則不入已句謂胡曲多也以啄人則創不決胡之曲直鋒本必横而取圜於磬折前謂援也内長則援短援短則曲於磬折曲於磬折則引之與胡並鉤内短則援長援長則倨於磬折倨於磬折則引之不疾

疏　已倨至不疾○釋曰此經論戈之所用主於胡故此經言胡之四疾之事○注戈句至不疾○釋曰云戈句兵也者下文廬人云句兵欲無彈鄭注云句兵戈戟屬是戈爲句兵以其有胡孑故爲句兵也云主於胡也者以胡爲主言此者欲見此經戈不説援專言胡之意也此

經已皆爲大也已倨謂胡頭大舒故云胡微直而邪多也已句謂胡曲多者謂胡大橫也云以啄人則創不決者橫則擁不削物故創不決也云胡之曲直鋒本必橫而取圜於磬折者胡孑橫捷微邪向上不倨不句似磬之折殺也云前謂援也者以啄其援在上故云前云內長則援短者援上文內倍之四寸故援曲之八寸並有定數若胡內長則胡向上侵援無八寸故云內長則援短短則曲於磬折曲於磬折者由胡向上近援胡頭低胡頭低則胡曲於磬折也胡既與援相近故援共胡並鉤並鉤則援折故云折前也云內短則援長者胡內本四寸今胡近下爲之胡下無四寸故胡上援則長踰八寸矣故云內短則援長也云援長則倨於磬折者以其由胡近下安之則頭舒頭舒則倨於磬折也以頭舒故引之不疾

是故倨句外博博廣也倨之外胡之裏也句之外胡之表也廣其本以除四病而便用也俗謂之曼胡似此○便婢面反曼莫干反【疏】注博廣至似此○釋曰此經爲除上四疾而生此文故云是故謂起上義也云倨之外胡之裏也者句之外胡之表者倨謂胡上句謂胡下倨與句皆有外廣故云倨之外胡之裏謂胡下近本增使廣句之外胡之表謂於胡上近本增之使廣若然則胡本上下俱寬自然合於磬折無上四疾而便用矣云俗謂

之曼胡似此者由胡外廣而本寬曼胡然俗呼爲曼胡似此經所云者也按莊公四年左氏傳楚武王荆尸授師孑焉以伐隨注云孑句孑凡戟而無刃秦晉之間謂之孑或謂之鏔吳揚之間謂之伐東齊秦晉之間其大者謂之曼胡其曲者謂之句孑曼胡

重三鋝鄭司農云鋝量名也讀爲刷玄謂許叔重說文解字云鋝鍰也今東萊稱或以大半兩爲鈞十鈞爲環○環重六兩大半兩鍰鋝似同矣則三鋝爲一斤四兩○鋝色劣反又音劣或音環鍰戶關反又于眷反稱尺證反〔疏〕注鄭司至四兩○釋曰先鄭讀鋝爲刷取音同後鄭引許叔重說文解字云鋝鍰也者尚書呂刑有墨罰疑赦其罰百鍰及大辟千鍰許氏以此鋝與尚書鍰爲一云今東萊稱或以大半兩爲鈞十鈞爲環環重六兩大半兩鍰鋝似同矣者鋝鍰輕重無文故王肅之徒皆以六兩爲鍰是以鄭引許氏及東萊稱爲證也云大半兩爲鈞者凡數言大者皆二○分之二爲大三分之一爲少以一兩二十四銖爲兩用百四十四銖爲六兩餘十六銖爲大半兩是十六銖爲大半兩也云十鈞爲鍰者鍰則百六十銖二十四銖有六兩大半兩也云鍰鋝似同矣者此從許君之說

戟廣寸有半寸內三之胡四之援五之倨句中

矩與刺重三鋝戟今三鋒戟也內長四寸半胡長六寸援長七寸半三鋒者胡直中矩言正方也鄭司農云刺謂援也玄謂刺者著柲直前如鐏者也戟胡橫貫之胡中矩則援之外句磬折與○中丁仲反注同刺七賜反注同著直略反鐏祖悶反劉祖悶反折與音餘

【疏】注戟今至折與○釋曰鄭知此戟三鋒者見此經言援言胡又言刺又接上文戈廣二寸援及接柲長一尺二寸胡長六寸重三鋝此戟廣寸半援及接柲亦長尺二寸胡長六寸秩於戈半寸亦重三鋝明知刺與援別爲三鋒矣云三鋒者胡直中矩言正方也者經云倨句中矩鄭云胡中矩則倨句不中矩謂援爲磬折故爲倨句也先鄭云刺謂援也後鄭不從者經上言援及胡下別言刺明刺與援別若不三鋒輕於戈不得同重三鋝也玄謂刺者著柲直前如鐏者也者謂於援胡之橫上中使出者也但長短無文蓋與胡同六寸乃可充三鋝之數也云戟橫胡貫之者胡六寸橫貫三寸直下三寸云胡中矩則援之外句磬折與者援七寸半亦以三寸爲橫稍舉之使不中矩以四寸半者向上爲磬折磬折向外故云外句言與者以經直言倨句中矩鄭以意分中矩於胡似倨句於援上爲磬折故云與以疑之也若然讀經倨句上屬必知三鋒胡向下者三鋒皆向上者無用故廬人注句兵戈

戟屬也

桃氏爲劒臘廣二寸有半寸臘謂兩刃○臘力闔反一音獵李音頰反疏注臘謂兩刃○釋曰此劒兩刃與今同短則與今異言兩刃者兩面各有刃也兩從半之鄭司農云謂劒脊兩面殺趨鍔疏注鄭司至趨鍔○釋曰謂劒刃兩面殺趨鍔鍔即鋒兩廂俱然故云兩也以其臘廣爲之莖圍長倍之鄭司農云莖謂劒夾人所握鐔以上也玄謂莖在夾中者莖長五寸○莖戶耕反夾古協反又古洽反下同鐔戚音淫徐劉音尋一音徒南反疏注鄭司至五寸釋曰二鄭意劒夾是柄莖又在夾中即劒鐔是也○倍上臘二寸半故五寸也中其莖設其後鄭司農云謂穿之也玄謂從中以卻稍大之也後大則於把易制○把劉音霸戚必雅反易以豉反疏注鄭司至易制○釋曰先鄭云穿之謂穿劒夾內莖於中故云中其莖後鄭意設訓爲大故易繫辭云益長裕而不設鄭注云設大也周禮考工曰中其莖設其後故云從中以卻稍大之後大則於把易制也參分其臘廣去

一以爲首廣而圍之首圍其徑一寸三分寸之二疏注首圍至之二○釋曰此首廣謂劒把接刃處之徑也臘廣二寸半參分去一二寸以一寸爲六分二寸爲十二分半寸爲三分添十二爲十五分三分去一得十分取六分爲一寸餘四分分名爲六分寸之四六分寸之四即三分寸之二故云一寸三分寸。二也而圍之者正謂圍之故盧人皆以圍爲圍之也身長五其莖長重九鋝謂之上制上士服之身長四其莖長重七鋝謂之中制中士服之身長三其莖長重五鋝謂之下制下士服之上制長三尺重三斤十二兩中制長二尺五寸重二斤十四兩三分兩之二下制長二尺重二斤一兩三分兩之一此今之匕首也人各以其形貌大小帶之此士謂國勇力之士能用五兵者也樂記曰武王克商裨冕搢笏而虎賁之士說劒○裨婢支反劉音卑笏音忽賁音奔說吐活反劉詩悅反疏注上制至說劒○釋曰知上制長三尺者以其言五其莖長上文長倍之莖長五寸五其莖長二尺五寸并莖五寸爲三尺也已下皆如此計之可知重三斤十二兩者以其言九鋝鋝別六兩大半兩六九五十四爲五十四兩九鋝皆有大半兩鋝別有十六銖爲百四十四銖二十四銖爲一兩摠爲六兩添前五十四爲六十兩十六兩爲一斤取四十八兩爲三斤餘十二兩故云重三斤十二兩已外皆如此計之亦可知也云此今之匕首也者漢時名此小劍爲匕首也云人各以形貌大小帶之解經上士中士下士非謂三命爲上士之屬宜以據形長者爲上次者爲中短者爲下士云此士謂國勇力之士能用五兵者也者此司右文彼不言勇力之士用劍而言勇力士者以樂記說劍之事知之故引之爲證也武王克商在軍皆韋弁韋弁兵服克商還皆裨冕裨冕則五冕各以尊卑服之而助祭於明堂虎賁之士即勇力之士者也

鳧氏爲鍾兩欒謂之銑故書欒作樂杜子春云當爲欒書亦或爲欒銑鍾口兩角○欒本又作鑾力端反銑先典反（疏）注故書至兩角○釋曰欒銑一物俱謂鍾兩角古之樂器應律之鍾狀如今之鈴不圜故有兩角也**銑間謂之于于上謂之鼓鼓上謂之鉦鉦上謂之舞**此四名者鍾體也鄭司農云于鍾脣之上袪也鼓所擊處○鉦音征袪上

書反徐上庶反（疏）注此四至擊處○釋曰云此四名爲鍾體對下角衡非鍾體也以于爲祛者以鍾脣厚褎祛然故謂之祛也

舞上謂之甬甬上謂之衡此二名者鍾柄○甬音勇

鍾縣謂之旋旋蟲謂之幹○旋屬鍾柄所以縣之也鄭司農云旋蟲者旋以蟲爲飾也玄謂今時旋有蹲熊盤龍辟邪○旋如字李信犬反蹲音存盤畔干反辟必亦反邪似嗟反（疏）注旋屬至辟邪釋曰後鄭舉漢法鍾旋之上以銅篆作蹲熊及盤龍辟邪辟邪亦獸名古法亦當然也

鍾帶謂之篆篆間謂之枚枚謂之景帶所以介其名也介在于鼓鉦舞甬衡之間凡四鄭司農云枚鍾乳也玄謂今時鍾乳俠鼓與舞每處有九面三十六○篆直轉反（疏）注帶所至十六○釋曰云帶所以介其名也者介間也言四處則中二通上下畔爲四處也舉漢法一帶有九古法亦當然種有兩面面皆三十六也

于上之攠謂之隧攠所擊之處攠弊也隧在鼓中窐而生光有似夫隧○攠音摩劉亡奇反又莫賀反隧音遂窐劉烏車反徐於蛙反又於圭反夫音符（疏）注攠所至夫隧○釋曰有二名者攠

據所擊之處靡弊若禮記云國家靡弊是也隧者據生光而言故引司烜氏夫隧彼隧若鏡亦生光窒而生光者本造鍾之時即窒於後生光

十分其銑去二以爲鉦以其鉦爲之銑間去二分以爲之鼓間以其鼓間爲之舞脩去二分以爲舞廣

此言鉦之徑居銑徑之八而銑間與鉦之徑相應鼓間又居銑徑之六與舞脩相應舞脩舞徑也舞上下促以橫爲脩從爲廣舞廣四分今亦去徑之二分以爲之間則舞間之方恒居銑之四也舞間方四則鼓間六亦其方也鼓六鉦六舞四此鍾口十者其長十六也鍾之大數以律爲度廣長與圜徑假設之耳其鑄之則各隨鍾之制爲長短大小也○凡言間者亦爲從篆以介之鉦間亦當六今時鍾或無鉦間○從子容反下十分至舞廣○釋曰此鍾從鼓鉦舞三處上下爲十同

疏 六口徑寸而言故鄭云此鍾口十者其長十六云鍾之大數以律爲度廣長與圜徑假設之耳者按周語云景王將鑄無射問律於伶州鳩對曰律所以立均出度古之神瞽考中聲而量量以制度度律均鍾韋昭云均平也度律呂之長短以平其鍾和其聲也據此義假令黃鍾之律長九寸以

律計身倍半爲鍾倍九寸爲尺八寸又取半得四寸半通二尺二寸半以爲鍾餘律亦如是其以律爲廣長與圜徑也此口徑寸上下十六者假設之取其鑄之形則各隨鍾之制爲長短大小者此即度律均鍾也凡言間者亦爲從篆以介之即所圖者是也云鉦間亦當六此經不言鉦間故鄭言之以其鼓間六舞間四鉦間方六可知經不言者可知故也今時或無鉦間者見此經無鉦間故也

以其鉦之長爲之甬長并衡數也○數色主反

疏 注并衡數也○釋曰知并衡數以其衡不言其長又以鉦長六爲甬長大長不類故并衡數也

以其甬長爲之圍參分其圍去一以爲衡圍衡居甬上又小

疏 注衡居甬上又小○釋曰以自兩欒已上至甬皆下寬上狹衡又在甬上故宜小於甬一分故三分去一爲衡也

參分其甬長二在上一在下以設其旋令衡居一分則參分旋亦二在上一在下以旋當甬之中央是其正

疏 注令衡至其正○釋曰上文惟以其鉦之長爲甬長并衡數則未知衡與甬長短之定故云令衡居一分假令三分甬居二衡居一一則於甬中央下有一分上通

衡有二分故云令衡居一分則參分旋亦二在上一在下以旋當甬之中央是其正正謂上有二分下有一分也

薄厚之所震動清濁之所由出侈弇之所由興有說

說猶意也故書侈作移鄭司農云當爲侈○說徐始鋭反注同

〔疏〕注說猶至爲侈○釋曰此鍾薄厚之所震動由鍾體薄厚出聲震動有石有播也云濁之所由出者清濁據聲亦由鍾之厚薄云侈弇之所由興者由鍾口侈弇所興之聲亦有柞有鬱按典同病鍾有十等此但言薄厚侈弇者典同具陳於此略言其意言有意者即下云已厚已薄不得所之意是也

鍾已厚則石

大厚則聲不發○大音泰劉他賀反下同

〔疏〕注大厚至不發○釋曰典同亦云厚聲石

已薄則播

大薄則聲散

〔疏〕注大薄則聲散○釋曰典同云薄聲甄鄭云甄猶掉也與此聲播亦一也以聲散則掉也

侈則柞

柞讀爲咋咋然之咋聲大外也○柞側百反注咋同

〔疏〕注柞讀至外也○釋曰典同注云侈則聲迫笮去疾此聲大外亦一也

弇則鬱

聲不舒揚

〔疏〕注聲不舒揚○釋曰典同注云聲鬱勃不出與此注不舒揚亦一也

長甬則震

鍾掉則聲不正〔疏〕注鍾掉則聲不正○釋曰典同云薄聲○掉徒弔反 甄甄猶掉也謂聲掉者據鍾形薄則聲掉此不據鍾體據甬長縣之不得所則鍾掉故聲不正也 是故大鍾十分其鼓閒以其一爲之厚小鍾十分其鉦閒以其一爲之厚 言若此則不石不播也鼓鉦之閒同方六而今宜異又十分之一猶大厚皆非也若言鼓外鉦外則近之鼓外二鉦外一○近附近之近〔疏〕注言若至外一○釋曰云鼓鉦之閒同方六者據上圖可知言今宜異者此鍾有大小不同明厚薄宜異不得同取六也云又十分之一猶大厚皆非也若言鼓外鉦外則近之者鄭不敢正言是故云近之云鼓外二鉦外一者據上所圖鼓外有銑閒乃銑外有二閒鉦外唯一閒就外中十分之一爲鍾厚可也 鍾大而短則其聲疾而短聞 淺則躁躁易竭也○聞音問下同易以豉反〔疏〕鍾大至短聞○釋曰此二者於樂器中所繫縱聲舒而聞遠亦不可是以樂記云止如槁木不欲聞遠之驗也故鄭云深則安安難息也 鍾小而長則其聲舒而遠聞 深則安安難息 爲

遂六分其厚以其一爲之深而圜之厚鍾厚深謂窐之也其窐圜故書圜或作圜杜子春云當爲圜（疏）爲遂至圜之。釋曰此遂謂所擊之處初鑄作之時即已深而圜以擬擊也

㮚氏爲量改煎金錫則不耗消湅之精不復減也㮚古文或作歷玄謂量當與鍾鼎同齊工異者大器。消湅音練下同復扶又反咸洽斬反本亦作減齊才計反（疏）注消湅至大器。釋曰言改煎金錫者如重煎謂之改煎煎也不耗耗減也故鄭云消湅之精不復減也玄謂量當與鍾鼎同齊工異者大器者按上文云鳧氏爲磬㮚氏爲量六等之中云六分其金而錫居其一謂之鍾鼎之齊是上齊中不言㮚氏爲量在上齊中鄭以鳧氏爲鍾鍾鼎在上齊之中㮚氏爲量量是鍾類故知亦在上齊之中矣故云量當與鍾鼎同齊也云工異者鳧氏爲鍾不使鳧氏兼造量器大雖同齊使別工爲之不耗然後權之權謂稱分之也雖異法用金必齊。稱尺證反（疏）注權謂至必齊。釋曰云稱分之也者謂稱金多少分之以擬鑄器也云雖異

法用金必齊者法謂模假令爲兩箇鬴即爲兩箇模是異法用金必齊者器之用金多少必須齊均也**權之然後準之**準故書或作水杜子春云當爲水金器有孔者水入孔中則當重也玄謂準擊平正之又當齊大小[疏]注準故至大小○釋曰子春從故書爲水謂以水齊器後鄭不從者此金仍未鑄器何得已有器以盛水也後鄭以準爲平前經已稱知輕重然後更擊鍛金令平正之齊其金之大小也**準之然後量之**鑄之於法中也量讀如量人之量[疏]注鑄之至之量○釋曰此量謂既準訖量金汁以入模中鑄作之時也言量讀如量人之量者夏官量人直以量地遠近及物多少此量是量金少多之事故讀從之也**量之以爲鬴深尺內方尺而圜其外其實一鬴**以其容爲之名也四升曰豆四豆曰區四區曰鬴鬴六斗四升也鬴十則鍾方尺積千寸於今粟米法少二升八十一分升之二十二其數必容鬴此言大方耳圜其外者爲之脣[疏]注以其至之脣○釋曰言量之以爲鬴者謂量金汁入模以爲六斗四升之鬴云深尺內方尺者此據模之形狀云圜其外者謂向下方尺者鬴之形向上。謂之外遶口圜之又厚之以爲脣云其實一鬴受六斗四升也云以其容爲之名也者此量器受六斗四升曰釜因名此器爲鬴故云以其容爲之名也云四升曰豆已下至則鍾左氏傳昭三年齊晏子辭連引豆區釜鍾者以其四者皆量器之名也云方尺積千寸者云方尺者上下及旁徑爲方尺縱横皆十破一寸一截一截得方寸之方百十截則得千寸也又云於今粟米法者筭術有筭粟爲米之法故云粟米法也筭法方一尺深尺六寸二分容一石如前以縱横十截破之一方有十六寸二分容一升升百六十二寸容一斗千六百二十寸容一石今計六斗四升爲釜以百六十二寸受一斗六斗各百爲六百六斗各六十六六三十六又用三百六十六斗又各二寸二六十二又用十二十二寸摠用九百七十二寸爲六斗於千寸之内仍有二十八寸在於六斗四升曰鬴又少四一升未計入今二十八寸取十六寸二分爲一升添前爲六斗一升餘有十一寸八分又取一升分爲八十一分以十六寸二分一寸當五分十寸當五十分又有六寸五六三十又當三十分添前爲八十分是十六寸當八十也仍有十分寸之二當一分都并十六寸二分當八十一分如是十一寸八分於八十一分當五十九更得八十一分升之二十二分始得一升添前爲六斗二升復得二升乃滿六斗四升爲鬴也

其翳

一寸其實一豆 故書㲄作脣杜子春云當爲㲄謂覆之其底深一寸也○㲄徒門反徐劉徒恩反覆方服反【疏】其㲄至一豆○釋曰此謂鬴之底著地者故子春云覆之其底深一寸也 其耳三寸其實一升 耳在旁可舉也【疏】其耳至一升○釋曰此鬴之耳在旁可舉謂人以手指舉之處云實一升亦謂覆之所受也 重一鈞 重三十斤【疏】注重三十斤○釋曰此據律厤志三十斤曰鈞百二十斤曰石 其聲中黃鍾之宮 應律之首○中丁仲反應應對之應【疏】注應律之首○釋曰十二辰各有律十二律以黃鍾爲初九故擊鬴器之時其聲中黃鍾之宮也不直言中黃鍾之聲而云之宮者十二辰其變聲辰各有五聲則子上有宮商角徵羽五聲具今之所中者中其宮聲不中商角之等故以宮言之也 槩而不稅 鄭司農云令百姓得以量而不租稅○槩古愛反【疏】注鄭司至祖稅○釋曰按鄭志趙商問㮚氏爲量槩而不稅㕓人職有稅何荅曰官量不稅若然此官量鎮在市司所以勘當諸㕓之量器以取平非是尋常所用故不稅彼㕓人所稅在肆常用者也 其銘曰時文思索允臻

其極銘刻之也時是也允信也臻至也極中也言是文德之君思求可以爲民立法者而作此量信至於道之中○索所白反求也（疏）其銘至其極○釋曰自此至維則臻則巾反爲于僞反（疏）是鬴器之上銘文○注銘刻至之中○釋曰云刻之者正謂在模上刻之非謂在器乃刻今之鍾鼎爲文亦爾嘉量既成以觀四國以觀示四方使放象之○觀古亂反示也又如字注同放方往反永啓厥後茲器維則永長也厥其也茲此也又長啓道其子孫使法則此器長用之○道音導凡鑄金之狀故書狀作壯杜子春云當爲狀謂鑄金之形狀（疏）凡鑄金之狀○釋曰此文與下爲目自金與錫已下臬氏鑄冶所候煙氣以知生孰之節金與錫黑濁之氣竭黃白次之黃白之氣竭青白次之青白之氣竭青氣次之然後可鑄也消湅金錫精麤之候

段氏闕

函人爲甲犀甲七屬兕甲六屬合甲五屬屬讀如灌注之注謂上旅下旅札續之數也革堅者札長鄭司農云合甲削革裏肉但取其表合以爲甲○屬之樹反下及注同合如字舊音閤注同　疏　注屬讀至爲甲○釋曰云屬讀如灌注之音者義取注著之意也云上旅下旅札續之數也者謂上旅之中及下旅之中皆有札續一葉爲一札上旅之中續札七節六節五節下旅之中亦有此節故云札續之數也云革堅者札長者則五屬者以其堅壽年多即下經三百年者也

犀甲壽百年兕甲壽二百年合甲壽三百年革堅者又支久

凡爲甲必先爲容服者之形容也鄭司農云容謂象式　疏　注服者至象式○釋曰凡造衣甲須稱形大小長短而爲之故爲人之形容乃制革也

然後制革裁制札之廣袤　疏　注裁制札之廣袤○釋曰上旅七節六節節數已定更觀人之形容長大則札長廣短小則札短狹故云裁制札之廣袤廣即據橫而言袤即據上下而說也

權其上旅與其下旅而重若一鄭司農云上旅謂要以上

下旅謂要以下○要於遥反下同【疏】權其至若一○釋曰謂札葉爲旅者以札衆多故言旅旅即衆也先鄭云上旅腰以上謂衣也下旅腰以下謂裳也故春秋傳曰棄其甲裳者也

以其長爲之圍圍謂札要廣厚【疏】注圍謂札要廣厚○釋曰此據一札之上先量上下之長乃以長中央圍之一帀如此則長短廣狹相稱也

凡甲鍛不摯則不堅已敝則橈鄭司農云鍛鍛革也摯謂質也鍛革大孰則革敝無强曲橈也玄謂摯之言致○鍛丁亂反摯音至大音泰劉茝餓反致直置反下同【疏】注鄭司至言致○釋曰先鄭以摯爲質後鄭不從者質即革之別名非生孰之稱故後鄭爲致致謂孰之至極

凡察革之道眡其鑽空欲其惌也鄭司農云惌小孔貌惌讀爲宛彼北林之宛○鑽作官反空音孔又如字下同惌於阮反或云司農音鬱【疏】注鄭司至之宛○釋曰先鄭云惌小孔貌者革惡則孔大革善則孔小驗今亦然讀如宛彼北林之宛者以音讀之

眡其裏欲其易也無敗蘵也○易以鼓反下同蘵音織本或作䅩

眡其朕欲其直也鄭司農云朕謂

革制○朕直忍反櫜之欲其約也鄭司農云謂卷置櫜中也春秋傳曰櫜甲而見子南○櫜音羔劉古道反卷眷勉反下文同疏櫜之欲其約也○釋曰先鄭引春秋者按昭元年左氏傳鄭公孫黑與子南爭徐吾犯之妹適子南氏子晳怒既而櫜甲而見子南欲殺之彼以衣裏著甲謂之櫜與此別引之者彼以衣藏甲爲櫜此亦以甲衣藏甲爲櫜藏甲爲櫜相似故引以爲證也舉而眡之欲其豐也豐大也疏舉而至豐也○釋曰此文與上經相對舉之正謂於櫜中取而舉之衣之欲其無齘也鄭司農云齘謂如齒齘○衣於既反齘戶界反疏注鄭司至齒齘○釋曰人之齒齘齘前却不齊札葉參差與齒齘相似故以齘爲喻眡其鑽空而窓則革堅也眡其裏而易則材更也眡其朕而直則制善也櫜之而約則周也舉之而豐則明也衣之無齘則變也周密致也明有光燿鄭司農云更善也變隨人身便利○更音庚便婢面反疏眡其至變

也○釋曰此文歷序上文於此揔結之也

鮑人之事鮑故書或作鞄鄭司農云蒼頡篇有鞄䆪。○鞄匹學反劉音樸頡戶結反莞人兗反〔疏〕鞄人之事○釋曰此文與下經爲揔目先鄭取蒼頡篇從故書爲鞄字者鮑乃從魚此官治皮宜從革故玄引先鄭於此取從革旁之義

望而眡之欲其荼白也韋革遠視之當如茅莠之色○荼音徒莠音酉又音秀〔疏〕望而至白也○釋曰此官主革不主韋韋自韋氏爲之鄭云韋革者夾句而言耳荼即茅莠也

進而握之欲其柔而滑也謂親手煩撋之○撋人專反劉而垂反或如詢反

卷而摶之欲其無迆也鄭司農云卷讀爲可卷而懷之之卷摶讀爲縛一如瑱之縛謂卷縛韋革也迆讀爲既建而迆之之迆無迆謂革不韡○摶直轉反或除面反下同縛直轉反瑱他見反本或作顛音同韡音虧又許皮反〔疏〕注鄭司至不韡○釋曰先鄭云可卷而懷之論語文云摶讀爲縛一如瑱之縛者按昭二十六年左氏傳云以幣錦二兩縛一如瑱

眡其著欲其淺也鄭司農云謂郭韋革

之札入韋革淺緣其邊也玄謂韋革調善者鋪著之雖厚如薄然○著直略反下眡其著同札側八反劉側列反鋪普吳反又音孚著之直略反又丁略反察其線欲其藏也故書線或作綜杜子春云綜當爲系旁泉讀爲緬謂縫革之縷○線思賤反注緬同革欲其荼白而疾澣之則堅鄭司農云韋革不欲久居水中○澣戶管反欲其柔滑而腥脂之則需故書需作劉鄭司農云腥讀如沾渥之渥劉讀爲柔需之需謂厚脂之韋革柔需○腥於角反劉音屋需人兗反注同劉而髓反又人兗反渥於角反疏注鄭司至柔需○釋曰先鄭據詩云既沾既渥生我百穀引

而信之欲其直也信之而直則取材正也信之而枉則是一方緩一方急也若苟一方緩一方急則及其用之也必自其急者先裂若苟自急者先裂則是以博爲帴也鄭司農云帴讀爲翦謂以

廣爲狹也玄謂翦者如俴淺之淺或者讀爲羊豬戔之戔○信音申劉音新下皆同帴音踐或山箭反俴音踐劉仕顯反戔劉音普見反依字才丹反字林非善反沈云馬融音淺千寳爲殘殘與周易戔戔之字同亦音素千反不知其義或云字則如沈釋而羊豬戔之語未見出處俗謂羊豬脂爲腑音素干反豈取此乎按周禮注殘餘字本多作戔宜依殘音

疏 注鄭司至之戔○釋曰先鄭讀帴爲翦者翦亦是狹少之意後鄭轉帴爲淺者從小戎詩小戎淺收之俴讀爲羊豬戔者義亦同按彼小戎詩俴者淺也謂車深四尺四寸其車廣六尺六寸是廣深不得是一方緩一方急以博爲淺以廣爲狹之喻

卷而摶之而不迆則厚薄序也序舒也謂其革均也

眡其著而淺則革信也信無縮緩察其線而藏則雖敝不甐甐故書或作鄰鄭司農云鄰讀爲磨而不磷之磷謂韋革縫縷沒藏於韋革中則雖敝縷不傷也○甐音吝或作鄰音同注同

疏 注磨而不磷○釋曰先鄭云鄰讀爲磨而不磷之磷者論語孔子辭

韗人爲皋陶鄭司農云韗書或爲鞠皋陶鼓木也玄謂鞠者以皋陶名官也鞠則陶字從革○韗

兇萬反衆家並音注鄭司至從革○釋曰先鄭知皐陶
運鞫音陶徒刀反〔疏〕鼓木者以上言爲皐陶下即云長六
尺有六寸鼓木之事明皐陶即是長六尺六寸者故知也玄
謂鞫者以皐陶名官者依先鄭從鞫爲鼓木還以鞫爲鞫人
之官是皐陶官名也鞫即陶字從革若然
後鄭爲鞫人爲皐陶不取韗字爲官名

長六尺有六寸左右端廣六寸中尺厚三寸

版中廣頭狹爲穹
隆也鄭司農云謂
鼓木一判者其兩端廣六寸而其中央廣
尺也如此乃得有腹○穹起弓反下同〔疏〕注版中至有
鄭以經論鼓木一判更不言版數多少而知得有
腹者以版兩端廣六寸中廣一尺自然有腹可知

穹者三之一

鄭司農云穹讀爲志無空邪之空謂鼓木腹穹隆者
居鼓三之一也玄謂穹讀如穹蒼之穹穹隆者居鼓
面三分之一則其鼓四尺者版穹一尺三寸三分寸之一也
倍之爲二尺六寸三分寸之二加鼓四尺穹之徑六尺六寸
三分寸之二也此鼓合二十版○邪似嗟反〔疏〕注鄭司至十版○釋曰先鄭云
穹讀爲志無空邪之空者無所
指斥故後鄭讀從穹蒼之穹也先鄭云穹隆者居鼓三之一
也者言猶未足故後鄭增成玄謂穹讀如穹蒼之穹者謂從

詩云以念穹蒼者也云穹隆者下至合二十版此鄭所言皆從二十版計之乃得面四尺及穹之尺數經既不言版數知二十版者此以上下相約可知何者此鼓言版之寬狹不言面之尺數下經二鼓皆言鼓四尺不言版之寬狹明皆有鼓四尺乃鼓版之廣狹也若然下二鼓皆云鼓四尺明此鼓亦四尺據面而言若然鼓木兩頭廣六寸面有四尺二十版二六十二長丈二尺圍三徑一是一丈二尺得面徑四尺矣以此面四尺穹隆加三之一三尺加一尺其一尺者取九寸加三寸其一寸者爲三分取一分并之得一尺三寸三分寸之一也此據一廂而言倍之爲二尺六寸三分寸之二乃知鼓面四尺揔爲六尺六寸三分寸之二也

上三正

鄭司農云謂兩頭一平中央一平也玄謂三讀當爲參正直也參直者穹上一直兩端又直各居二尺二寸不弧曲也此鼓兩面以六鼓差之賈侍中云晉鼓大而短近晉鼓也以晉鼓鼓金奏。三音參七

疏 注鄭司至金奏。釋曰先鄭據經云三正解之亦得合義但不定尺寸之數雖言三平恐平中有長短故後鄭增成之云三當讀爲參正直也參直者穹上一直兩端又直各居二尺二寸是三處尺數等是爲參直也云不弧曲也者下臯鼓倨句磬折即弧曲不參直故引證此爲與彼異也云此鼓兩面者下經

二鼓言四尺之面此經不言四尺之面故言之謂發祭祀三鼓四面已下云以六鼓差之者鼓人雷鼓祀天靈鼓祭地路鼓享鬼下二鼓據鼓人賁鼓鼓軍事皐鼓鼓役事惟此鼓經不言其名五鼓已配訖惟有晉鼓當此鼓可知故引賈侍中云晉鼓大而短近晉鼓也此後鄭所解也云晉鼓鼓金奏者鼓人文也

鼓長八尺鼓四尺中圍加三之一謂之鼖鼓中圍加三之一者加於面之圍以三分之一也面四尺其圍十二尺加以三分。一四尺則中圍十六尺徑五尺三寸三分寸之一也今亦合二十版則版穿六寸三分寸之二耳大鼓謂之鼖以鼖鼓鼓軍事鄭司農云鼓四尺謂革所蒙者廣四尺。賁扶云反本或作𢽷又作鼖皆同

〔疏〕注中圍至四尺。釋曰云鼓四尺者謂鼓面也云中圍加三之一者謂將中央圍加於面之圍三分之一也云面四尺其圍十二尺加以三分一四尺者添四面圍丈二尺爲十六尺然後徑之十五尺徑五尺餘一尺取九寸徑三寸取餘一寸者破爲三分得一分揔徑五尺三寸三分寸一此言中圍加三之一與上穹三之一者異彼據一相之穹加面三之一故兩相加二尺六寸三分寸二此則於面四尺揔加三分之一則揔一尺三寸三分寸一若然此穹隆少校晉鼓一尺三寸

三分寸之一也與彼穹隆異也今此版亦合二十版者此經云鼓四尺若不二十版亦不合此數也則版穹六寸三分寸二者此亦據一相而言云大鼓謂之鼖者鼖訓爲大對晉鼓長六尺六寸而言若對下文皐鼓長丈二尺則彼又大矣云鼖鼓鼓軍事者鼓人文

爲皐鼓長尋有四尺鼓四尺倨句磬折

以皐鼓鼓役事磬折中曲之不參正也中國與鼖鼓同以磬折爲異。〔疏〕注以皐至爲異。釋曰云以皐鼓鼓役事者鼓人文磬折中曲之不參正也者磬折者鼉處近上故不得參正也

凡冒鼓必以啓蟄之日

啓蟄孟春之中也蟄蟲始聞雷聲而動鼓所取象也冒蒙鼓以革〔疏〕注啓蟄至以革。釋曰云啓蟄孟春之中也者正月立春節啓蟄中故云中也云蟄蟲始聞雷聲而動者蟄蟲啓戶由聞雷聲是鼓所取象故以此時冒之按月令仲秋云雷乃始收注雷乃收聲在地中動內物則此云孟春始聞雷聲而動者亦謂未出地時故蟄蟲聞之而動至二月即雷乃發聲出地蟄蟲啓戶而出故月令仲春云日夜分雷乃發聲蟄蟲咸動啓戶而出是也

良鼓瑕如積環

革調急也〔疏〕注革調急也。釋曰瑕與環皆謂漆之文理謂

革調急故然若急而不調則不得然也 鼓大而短則其聲疾而短聞，聞音問下同 鼓小而長則其聲舒而遠聞〔疏〕鼓大至遠聞。釋曰此乃鼓之病大小得所如上三者所爲則無此病

韋氏闕

裘氏闕

畫繢之事雜五色東方謂之青南方謂之赤西方謂之白北方謂之黑天謂之玄地謂之黃青與白相次也赤與黑相次也玄與黃相次也此言畫繢六色所象及布采之第次繢以爲衣〔疏〕畫繢至次也。釋曰此一經言次次畫於衣之事畫繢並言者言畫是揔語以其繢繡皆須畫之言繢則據對方而言自東方已下是也自言東方謂之青至謂之黃六

者先舉六方有六色之事但天玄與北方黑二者大同小異何者玄黑雖是其一言天止得謂之玄天不得言黑天若據北方而言玄黑俱得稱之是以北方云玄武宿也青與白相次已下論繢於衣爲對方之法也○注此言至爲衣○釋曰鄭云畫繢六色所象者解經地謂之黄已上文云及布采之第次者解經青與白已下文云繢以爲衣者案虞書云予欲觀古人之象日月星辰山龍華蟲作繢是據衣如言繢故鄭云繢以爲衣也

青與赤謂之文赤與白謂之章白與黑謂之黼黑與青謂之黻五采備謂之繡此言刺繡采所用繡以爲裳疏注此言刺繡采所用繡以爲裳○釋曰此一經皆北方爲繡次凡繡亦須畫乃刺之故畫繡二工共其職也云繡以爲裳者案虞書云宗彝藻火粉米黼黻絺繡鄭云絺紩也謂刺繡於裳故鄭云刺以爲裳也衣在上陽陽主輕浮故畫之裳在下陰陰主沉重故刺之也

土以黄其象方天時變古人之象無天地也爲此記者見時有之耳子家駒曰天子僭天意亦是也鄭司農云天時變謂畫天隨四時色疏土以黄其至時變○釋曰此乃六色之外別增

此天地二物於衣故於下特言之也○注古人至時色○釋曰鄭云古人之象無天地也者此據虞書日月以下不言天地云爲此記者見時有之耳者古人既無天地若記者不見時君畫於衣記人何因輒記之爲經典也子家駒曰天子僭天意亦是也者按公羊傳云昭公謂子家駒云季氏僭于公室久矣吾欲殺之何如子家駒曰天子僭天諸侯僭天子彼云僭天者未知僭天何事要在古人衣服之外別加此天地之意亦是僭天故云意亦是也先鄭云天時變謂畫天隨四時色者天逐四時而化育四時有四色今畫天之時天無形體當畫四時之色以象天地若然畫土當以象地色也

火以圜 鄭司農云爲圜形似火也玄謂形如半環然在裳○圜音環

疏 注鄭司至在裳○釋曰先鄭云爲圜形似火也後鄭云如半環然此亦與先鄭不別增成之耳孔安國以爲火字也與此別也知在裳者虞書藻火已下皆在裳

山以章 章讀爲獐獐山物也在衣齊人謂麇爲獐○獐音章麇俱倫反

水以龍 龍水物在衣

疏 注章讀至爲獐○釋曰馬氏以爲獐山獸畫山者并畫獐龍水物畫水者并畫龍鄭即以獐表山以龍見水此二者各有一是一非古人之象有山不言獐有龍不言水今記人既有獐有水止可畫山兼畫獐畫龍兼畫水何有

棄本而遵末也**鳥獸蛇**所謂華蟲也在衣蟲之毛鱗有文采者【疏】注所謂至采者○釋曰云所謂華
蟲也者所謂虞書云山龍華蟲彼畫華蟲次在龍下此文亦
次龍下故知當華蟲也言華者象章。華言蟲者是有生之摠
號言鳥以其有翼言獸以其有毛言蛇以其有鱗以首似鷩
亦謂之鷩冕也故云蟲之毛鱗有文采也虞書有十二章於
此惟言四章又兼言天地而不云日月是藻與宗彝者記人之言略說之耳**雜四時五色之**
位以章之謂之巧章明也績繡皆用五采鮮明之是為巧【疏】注章明至為巧○釋
曰此經摠結上文也上有六色此言五者下別言素功故言五或可玄黑共說也**凡畫繢之事**
後素功素白采也後布之為其易漬汙也不言繡繡以絲也鄭司農說以論語曰繢事後素○為于偽反
鍾氏染羽以朱湛丹秫三月而熾之鄭司農云湛漬也丹
秫亦栗玄謂湛讀如漸車帷裳之漸熾炊也羽所以飾旌旗及
王后之車○湛子潛反或子鴆反又音鴆秫音述漸子潛反
下漚漸同【疏】注鄭司至之車○釋曰染布帛者在天官染人此
鍾氏惟染鳥羽而已要用朱與秫則同彼染祭服

有玄纁與此不異故也案染人云春暴練夏纁玄注云凡染當及盛暑熱潤始湛研之三月而後可用若然云以朱湛丹秫三月而熾之熾之當及盛暑熱潤則初以朱湛丹秫當在春日豫湛至六月之時即染之矣玄謂湛讀如漸車帷裳之漸者讀從衞詩也云羽所以飾旌旗及王后之車者司常云全羽爲旞析羽爲旌自餘旌旗竿首亦有羽旄巾車有重翟厭翟翟車之等皆用羽是也案夏采注云夏采夏翟羽色禹貢徐州貢夏翟之羽有虞氏以爲緌後世或無故染鳥羽象而用之謂之夏采此是鍾氏所染者也

淳而漬之 淳沃也以炊下湯沃其熾烝之以漬羽漬猶染也○淳章均反注及下同

疏 注淳沃至染也○釋曰上熾之謂以朱湛丹秫三月末乃熾之即以炊下湯淋所炊丹秫取其汁以染鳥羽而又漸漬之也

三入爲纁五入爲緅七入爲緇 染纁者三入而成又再染以黑則爲緅緅今禮俗文作爵言如爵頭色也又復再染以黑乃成緇矣鄭司農說以論語曰君子不以紺緅飾又曰緇衣羔裘爾雅曰一染謂之縓再染謂之竀三染謂之纁詩云緇衣之宜兮玄謂此同色耳染布帛者染人掌之凡玄色者在緅緇之間其六入者與○纁許云反緅側留反劉祖侯反復扶又反紺古闇反縓倉

絹反范倉亂反竀勑貞反本又作䞓亦作赬與音餘〔疏〕注染纁至者與○釋曰凡染乃具按爾雅一染謂之縓再染謂之竀三染謂之纁三入謂之纁即與此同此三者皆以丹秫染之此經及爾雅不言四入及六入按士冠有朱紘之文鄭云朱則四入與是更以纁入赤汁則爲朱以無正文約四入爲朱故云與以疑之云論語曰君子不以紺緅飾者淮南子云以涅染紺則黑於涅涅即黑色也纁若入赤汁則爲朱若不入赤而入黑汁則爲紺矣若更以此紺入黑則爲緅而此五入爲緅是也紺緅相類之物故連文云君子不以紺緅飾也若更以此緅入黑汁即爲玄則六入爲玄但無正文故此注與士冠禮注皆云玄則六入與更以此玄入黑汁則名七入爲緇矣但緇與玄相類故禮家每以緇布衣爲玄端也云禮俗文作爵言如爵頭色者以其爵亦多黑少故也

筐人　闕

㡛氏湅絲以涚水漚其絲七日去地尺暴之

故書涚作湄鄭司農云湄水溫水也玄謂涚水以灰所泲水也漚漸也楚人曰漚齊人曰涹○㡛音芒湅音練下同涚書

銳反漚烏豆反李又烏侯反暴步卜反劉步莫反下同涃劉音胃一音奴短反泲子禮反涹烏禾反又於僞反一音乃罪反〔疏〕注故書至曰涹○釋曰諸家及先鄭皆以涚水爲溫水後鄭獨不從者禮有涚齊謂泲酒爲涚則此涚亦當泲灰汁爲涚故不從涚水也云齊人曰涹者亦是漚義

晝暴諸日夜宿諸井七日七夜是謂水湅宿諸井縣井中

湅帛以欄爲灰渥淳其帛實諸澤器淫之以蜃渥讀如繒人渥菅之渥以欄木之灰漸釋其帛也杜子春云淫當爲涅書亦或爲湛鄭司農云澤器謂滑澤之器蜃謂炭也士冠禮曰素積白屨以魁柎之說曰魁蛤也周官亦有白盛之蜃蜃蛤也玄謂淫薄粉之令帛白蛤今海旁有焉○欄音練李又來踐反或音蘭渥烏豆反與漚同注渥菅同蜃當軫反練以陵反菅古顏反湛子潛反冠古亂反屨九具反魁苦迴反又作魁柎方于反蛤古盍反粉如字劉方問反〔疏〕注渥讀至有焉○釋曰鄭云渥讀如鄫人渥菅之渥者按哀八年吳伐魯云初武城人或有因於吳竟田焉拘鄫人之漚菅者曰何故使吾水滋是其事引士冠禮曰素積白屨以魁柎之者謂皮弁服白布衣而

素積以爲裳褰屨裳同色故素積白白屨故以蜃灰柎之也清其灰而盝之而揮之清澄也於灰澄而出盝晞之晞而揮去其蜃○盝音鹿揮音輝去起呂反而沃之而盝之而塗之而宿之更渥淳之明日沃而盝之朝更沃至夕盝之又更沃至旦盝之亦七日如渥絲也○朝此一字張遥反餘皆朝廷之朝晝暴諸日夜宿諸井七日七夜是謂水湅疏晝暴至水湅○釋曰湅帛湅絲蓋有二法上文爲灰湅法此文是水湅法也

附釋音周禮注疏卷第四十

南昌盧氏
宣旬校定

大清嘉慶二十年
用文選樓藏本校

知南昌府張敦仁署鄱陽縣候補知州周澍栞

周禮注疏卷四十挍勘記　阮元撰盧宣旬摘錄

附釋音周禮注疏卷第四十

輈人　程瑤田云輈人恐輿人之誤

五嫈梁輈　嘉靖本嫈作篜釋文篜本又作聳同

爲二尺二寸　惠挍本同閩監毛本二作三誤

井此輈深而七尺一寸半　諸本同誤也按賈疏釋此注云并此輈深四尺爲七尺一寸半則而乃爲字之譌當據正

則軫與轐五寸半則衡高七尺七寸　諸本同賈疏兩傳此注皆云加軫與轐五寸半此作則誤當據正又按賈疏釋此二句注下始曰云田馬七尺者云云則賈疏本今田馬七尺衡頸之間亦七寸十二字注在此下矣今本失其次

駑馬高七尺　浦鏜云田誤駑

亦約廋人馬七尺曰騋　閩監毛本廋誤庾

輪軹與軫轐大小之減　釋文作之咸云本又作減同洽斬反○按古多叚咸爲減如左傳不爲末咸讀末減是也

是以鄭解駑之車　補各本駑下有馬字此本脱

云一者以爲美也者　閩監毛本美作媺依經所改非

軓前十尺　閩監本同誤也唐石經余本嘉靖本毛本軓作軌注疏及下不至軓同當據正釋文曰軓前劉音犯注同

合七爲弦　按合當令字之訛九章盈不足有假令

四尺七寸爲鉤　諸本同按鉤當作句輪人注云二尺爲句

元謂軌是軌法也　余本嘉靖本毛本軌皆作軓賈疏本皆作軓漢讀考作軓是軓法也其說曰元謂軓是句絕謂作軓是也下文軓法也以下十九字乃釋軓字之義以見於此經無涉書或作軓非也賈疏全誤

轂末亦爲軌　監本末誤未

祭左右軌軌即轂末　惠挍本軌皆作軓是也

輈軓前十尺　余本閩監毛同嘉靖本毛本軓作軌是也

云兩厄之間　浦鏜云軛誤厄

五分其軫間　毛本間誤問

以其一爲之當兔之圍　唐石經諸本同余本兔作兎俗字下伏兔同

故云頸前持衡轅者也　浦鏜云轅衍字

五分寸二　浦鏜云寸下脫之

分得九分去一九得三十六分 宋本閩本同監毛本作四寸十五分寸之九在得三十六分誤甚

弧讀爲淨而不汙之汙 閩監毛本同此淺人臆改也余本宋本嘉靖本淨作盡當據正釋文汙作洿○按盡而不汙見左傳成十四年汙讀爲紆曲之紆世有淺人以淨與汙反對亦可哂也

今夫大車之轅摯 唐石經岳本嘉靖本閩本同余本監毛本摯改摯非注及下同釋文作轅摯竹二反

唯轅直 唐石經嘉靖本同閩監毛本唯改惟下作唯與唐石經諸本合

故書緧作鰌 諸本同釋文作緧音秋與緧同漢讀考云集韻緧緧同字本此則陸本注無鰌魚字三字與賈本異

按方言本紂 浦鏜云車誤本

頎讀爲懇典讀爲殄 漢讀考云讀爲皆當作讀如故下仍云頎典不云懇殄也

輈注則利準利準則久 唐石經諸本同惠士奇云依注則準二字衍按注云利水重讀似非也則司農於經文利水兩遍讀之耳必不增經可知注中鄭司農云下當有利水重讀四字故後鄭辨之云利水重讀似非淺人於經既增重文因刪司農重讀之言矣

謂輈脊上雨注 閩監毛本同余本嘉靖本雨作兩誤

輈之謂形勢 盧文弨曰疑當作謂輈之形勢

輈欲弧而折 補各本而下有無字此本脫

元謂券今倦字也 九經古義云說文券勞也从力漢涼州刺史魏君碑云施舍不券

將在中 惠挍本下有央

不敢曠在 當從閩本作曠左

需讀爲畏需之需 釋文需音須又乃亂反注同漢讀考云需乃亂反當是耎字說文大部耎稍前大

也讀若畏偄人部偄弱也畏耎郎畏偄也

伏兔至軌　余本閩監本同嘉靖本毛本軌作軓是也

灂下至軓七寸　閩監毛本同誤也余本岳本嘉靖本下作不當據正○按不至軓七寸舉經文也戴震攷工記圖亦同俗本作下

灂讀爲灂酒之灂　漢讀考云當作讀如

環謂漆沂鄂如環　余本岳本同嘉靖本閩監毛本謂上有灂字按疏中亦有

一尺四寸三分寸二有七寸三分寸一　閩本同監毛本寸下皆有之

先鄭讀灂酒之灂者　補各本上灂下有爲字此本脫

故因說旌旗之義也　惠挍本閩本同監毛本旌誤旍

然此巳下　閩監毛本巳改以

東方七宿晝爲龍　惠挍本宿作星監本晝誤畫

師都之所建　漢讀考師作帥○按說文引周禮率都建旗故段玉裁知此師必帥之譌也

孟夏日月會則日宿　浦鏜云曰宿誤日

龜蛇四斿　閩監毛本同唐石經余本嘉靖本作龜虵注同

與東壁連體　閩監毛本同誤也嘉靖本璧作壁釋文東辟音壁此本疏中作東辟又作東壁○按古書多作辟宿

蛇行有尾因　閩監毛本同誤也宋本嘉靖本尾因作毛目惠挍本及此本疏中尾因皆作毛目當據以訂正

以晝於縿上也　閩本同監毛本以改故

長數尺　浦鏜云漢志作望如有毛目然○按疏必引此以爲鄭注毛目之證也自毛目誤爲尾因乃妄

改去此句矣開元占經引春秋合誠圖曰枉矢水流虵行含明故有毛目險合於四故長四丈觀此可爲毛目沾一證知長數尺之爲妄語矣

攻金之工 唐石經自此已下及桑氏爲削皆跳行釋文諸本此節皆連上輈人爲節

三分已下爲下齊 閩監毛本已改以

注多錫之屬 補錫下當有至字

錢銚錢鎛是也 監本鎛誤鏄按下錢當作鎛

謂之鑒燧之齊 諸本同唐石經缺葉鈔釋文作鑒隧○按作燧作隧皆說文墜字之誤耳其實此於燧燧無涉秋官夫遂祇作遂是爲正字

凡金多錫則忍白且明也 賈疏本嘉靖本忍作刃釋文則忍音刃按忍古堅韌字言金中多錫則刃堅忍而色明白作刃蓋非○按此蓋陸本作忍孔本作刃不同也忍刃皆有堅意此作忍爲長

築氏

冶氏

重三垸 戴震考工記補注云垸讀如丸十一銖二十五銖之十三垸其假借字也

足入臬中者也 余本嘉靖本閩監本同岳本毛本臬作槷所載釋文同〻按从木是也箭莖曰臬字不从木

讀爲丸 漢讀考云疑當作讀如

司弓矢職文 此本職字剜擠閩監毛本排入

或謂之雞鳴 余本閩本同監毛本雞作鷄疏及漢制考同

漢時見胡撗之句子戟 此本時字日旁缺壞閩監毛本遂誤爲特今據漢制考訂正閩監毛本撗從木

鋒本必橫 余本嘉靖本同閩監毛本鋒誤鋒疏及下同

胡子橫捷 浦鏜云插誤捷從三禮圖按○按捷者古字儀禮注多用之

援曲之八寸 浦鏜云四誤曲

云倨之外胡之裏也者句之外胡之表者 當作云倨之外胡之裏也句之外胡之表也者

吳揚之間謂之伐 閩監毛本揚作楊據方言凡伐爲戈之誤

讀爲刷 漢讀考作讀如

十鈞爲環環重六兩大半兩 余本兩環字空缺浦鏜云鍰誤環按釋文不出環字三鋝下云或音環賈疏兩引此注先作環後作鍰

鍰鋝似同矣 漢讀考云當作環鍰似同

皆二分之二爲大　浦鏜云三分誤二分

是銖有六兩大半兩也　此銖亦鍰之誤上引注作十鈞爲鍰段玉裁云銖當作環

三鋝者　余本閩監本同誤也嘉靖本毛本作三鋝此本疏中引注亦作三鋝者當據以訂正閩監本疏同

桃氏

兩從半之　盧文弨曰通考軍器門引兩從半之幷引疏云劒兩面通廣二寸半其兩從中分各一半也從自脊中而分兩邊也今諸本脫此文

鄭司農云謂穿之也　余本嘉靖本同閩監毛本云下有中　按中字當有

元謂從中以郤　余本嘉靖本郤作卻○按从卩是也

故云一寸三分寸二也　閩本同監毛本分寸下有之

中制長一尺五寸　閩監本同誤也余本嘉靖本毛本作二尺當據正

宜以據形長者爲上宋本同閩監毛本宜作直

鳧氏

對下角衡非鍾體也按角乃甬之誤

旋蟲謂之幹唐石經諸本同程瑤田云幹當作斡説文斡蠡柄也然則鍾柄亦得名斡矣○按凡旋者皆得云斡

故引司垣氏夫隧閩監毛本垣改烜

此鍾口十者閩監十誤寸疏中此本閩本同

廣長與圜徑諸本同浦鏜云圍誤圜疏同

是其主余本同嘉靖本閩監毛本主作正按賈疏作正

云濁之所由出者補各本云下有淸字此本脫

筰去疾　補各本筰下有出字此本脫

鍾大至短聞　宋本此節疏在鍾小而長節下則短聞當作遠聞

於樂器中所繫縱聲　閩本同監毛本繫作擊

舒而聞遠　閩監毛本作遠聞下同

爲遂　諸本同唐石經遂字偏旁辵缺盧文弨曰通考遂作隧與上合戴震亦云遂當作隧○按遂是古字說文無隧字隧乃後世俗字耳

㮚氏　此本㮚訛桌閩監毛本作㮚亦非今據唐石經嘉靖本訂正

則不秏　唐石經嘉靖本毛本同余本閩監本秏作耗俗字下同

消湅之精不復減也　閩監本同嘉靖本毛本湅作凍按釋文湅音練減作咸云本又作減○按說文湅𤅊也从水柬聲凡湅繒曰練湅金曰鍊其爲求精一也故字相假借

此言大方耳　余本嘉靖本同閩監毛本大誤内當據正漢制考亦作大方

圜其外者爲之脣　岳本嘉靖本同誤也余本閩監毛本爲作謂當據正○按爲字不誤

向上謂之外　浦鏜云上當下字譌

縱橫皆十　宋本十作平

十寸當五十分　監本五十誤千

其底深一寸也　余本底誤厎

其耳三寸　唐石經諸本同浦鏜云一寸譌三寸○按宋閩其說

此據律厤志　閩監毛本厤字下從日

消湅金錫精麤之候　閩監本湅作錬非上注作湅

段氏　余本閩本同嘉靖本監毛本段作叚唐石經作叚余據正

函人

凡甲鍛不摯 唐石經岳本嘉靖本閩本同余本監毛本摯作摯誤注及疏同釋文亦作摯葉鈔本誤摯

致謂孰之至極 閩本同監毛本下有也

彼以衣裏著甲謂之纛 閩監毛本裏作裏

明有光燿 嘉靖本同閩監毛本燿作耀

鮑人

蒼頡篇有鞄究 余本同嘉靖本監本究作宨閩毛本作甏○按閩毛本是說文甏从北从皮省从敻省

卷而搏之 閩監毛本同誤也唐石經余本嘉靖本搏作摶當據正釋文搏之□□轉反注及疏同

摶讀爲縳一如瑱之縳 □本嘉靖本作摶讀爲縳釋文縳一直轉反當據正下同釋文瑱本

或作顛。○按顛乃巔之譌

謂革不韡譌余本嘉靖本毛本同閩本韡作韗監本作韡皆

故書需作𠛾釋文音經則需人兗反注同音注作𠛾而䰭反又人兗反漢讀考據此作故書耎作𠛾經及下準此

如俴淺之淺閩監毛本同誤也余本岳本嘉靖本作如俴淺之俴當據以訂正

讀爲羊豬戔之戔監本豬誤豬漢讀考云戔當與棧同通俗文板閣曰棧公羊傳亡國之社掩其上而柴其下周禮注作棧其下羊豬之圈薦以柴木不必均平且多罅漏革緩急不齊急者先裂猶棚棧之不平多隙也

後鄭轉帴爲淺者閩本同誤當從監毛本淺作俴

從小戎詩小戎淺收之俴閩監毛本俴誤淺按淺收亦當作俴

則雖敝不甐唐石經諸本同釋文甐或作𨦂

鞠則陶字從革賈疏述注云鞠即陶字儀禮大射儀疏引此注同當據正

韗人

後鄭爲鞠人爲皐陶浦鏜云上爲疑謂字訛

穹讀爲志無空邪之空九經古義云古空與穹同毛詩白駒在彼空谷文選注引韓詩作在彼穹谷薛君曰穹谷深谷也○按段玉裁云志無空邪者弟子職之志無虛邪也

乃鼓版之廣狹也浦鏜云乃當及字訛

謂之鼖鼓唐石經諸本同釋文之賁本或作敢又作鼖皆同

加以三分一四尺浦鏜云分下脫之疏同

今亦合二十版嘉靖本誤衍作二十四版

少校晉鼓一尺三寸三分寸之一也浦鏜云也當是字誤屬下句

革調急也各本同段玉裁曰通典一百四十四曰革鼓瑕如積環革謂急也經傳革訓急者多矣調字不可通而疏曲爲之說故知唐時善本之存者尚多鞔鼓之法以緊爲貴至緊而後瑕如積環也

裘氏唐石經余本嘉靖本閩本同監毛本裘改裘非

畫繢之事

是以北方云元武宿也惠挍本云作言

當畫四時之色以象天地浦鏜云地當也字誤

增成之耳此本成誤城閩監毛本改爲減惠挍本作成今訂正

鳥獸蛇閩監毛本同唐石經余本嘉靖本蛇作虵此本疏同

言華者象章華惠挍本作象草華此誤

鄭司農說以論語曰　岳本嘉靖本無曰此衍

鍾氏

凡染當及盛暑熱潤　浦鏜云石誤凡

以炊下湯沃其熾　諸本同賈疏云以炊下湯淋所炊丹秫按上注云熾炊也此蓋謂以湯沃所炊丹秫也漢讀考謂當云沃其羽

七入爲緇　監毛本入誤入

鄭司農說以論語　余本嘉靖本同閩監毛本說作云誤

再染謂之竀　釋文竀本又作䞓亦作赬按今爾雅作赬○按古段借字也

而此五入爲緅是也　浦鏜云而當則字誤

㡃氏　閩監毛本同唐石經嘉靖本㡃作㡃五經文字作㡃云見周禮按說文巾部云㡃設色之工治絲練者从巾㠩

聲

以涗水漚其絲 唐石經諸本同按釋文水部云涗財溫水也从水兌聲周禮曰以涗漚其絲引周禮無水字故書涗作湄鄭司農云湄水溫水也與說文義同疏又云諸家及先鄭皆以涗水為溫水是賈馬諸氏義亦與許鄭同也

故書涗作湄 釋文湄劉音眉一音奴短反漢讀考云湄當作渜士喪禮渜濯棄於坎古文渜作湪湪涗同字猶襚稅同字○按釋文當云一作渜音奴短反今本奪作渜二字湄無反奴短之埋也

以灰所泲水也 葉鈔釋文余本泲作泲

晝暴諸日 閩監本晝誤畫

渥讀如繒人渥菅之渥 余本岳本嘉靖本閩本同毛本繒改鄶監本人誤入此本菅誤管今據諸本訂正釋文出繒人渥菅四字今左傳作鄶人漚菅賈疏本作鄶

蜃謂炭也　余本岳本嘉靖本同閩監毛本炭作灰按賈疏云蜃灰

凊登也　余本同誤也嘉靖本閩監毛登作澄當據正今从

湅帛湅絲　閩本同誤也當從監毛本作湅帛今从

蓋有二法　閩本同惠挍本蓋作皆監毛本誤者

周禮注疏卷四十挍勘記終

南昌袁泰開挍

附釋音周禮注疏卷第四十一

鄭氏注　賈公彥疏

冬官考工記下

玉人之事鎮圭尺有二寸天子守之命圭九寸謂之桓圭公守之命圭七寸謂之信圭侯守之命圭七寸謂之躬圭伯守之命圭者王所命之圭也朝覲執焉居則守之子守穀璧男守蒲璧不言之者闕耳故書或云命圭五寸謂之躬圭杜子春云當爲七寸玄謂五寸者璧文之闕亂存焉○信音身躬直遥反下皆同〔疏〕玉人至守之○釋曰云玉人之事者謂人造玉瑞玉器之事此一句揔與下諸文爲目圭名鎮名信及躬備於宗伯○注命圭至存焉○釋曰云命圭者王所命之圭也者公羊傳云錫者何賜也命者何加我服也於王以策命諸侯之時非直加之以車服時即以圭授之以爲瑞信者也朝覲執焉者典瑞

云公執桓圭以下朝覲宗遇會同于王諸侯相見亦如之是也云居則守之者謂以爲鎮守者也故云居則守之子守穀璧男守蒲璧典瑞宗伯大行人俱有其文於此不言之者闕也鄭云闕者若韋氏櫛氏之類亦闕也若然經有鎮圭按典瑞云王執鎮圭繅藉五采五就以朝日鄭不言者有典瑞可參故直舉諸侯可知也子春破故書五寸當從經七寸後鄭不從以從故書爲五寸五寸是璧文之闕亂存者命圭是伯五寸是子男故亂存也

天子執冒四寸以朝諸侯注名玉曰冒者言德能覆蓋天下也四寸者方以尊接卑以小爲貴

疏注名玉至爲貴○釋曰鄭知名玉曰冒言德能覆蓋天下者按書傳云古者必有冒言不敢專達之義天子執冒以朝諸侯見則覆之故注云君恩覆之臣敢進是其冒覆之事按孔注顧命云言冒所以冒諸侯圭以齊瑞信方四寸邪刻之不言冒以覆蓋天下者義得兩含故注有異故書傳云古者圭必有冒亦是冒圭之法也此冒據朝覲諸侯時執之詩殷頌云受小球大球爲下國綴旒注云小球尺二寸大球長三尺與下國結定其心如旌旗之旒彼據天子與諸侯盟會故云結定其心故執鎮圭不執冒也

天子用全上公用龍侯用瓚伯用

將○鄭司農云全純色也龍當爲尨尨謂雜色玄謂全純玉也瓚讀爲餐饜之饜龍瓚將皆雜名也卑者下尊以輕重爲差玉多則重石多則輕公侯四玉一石伯子男三玉二石○龍莫江反瓚才旱反下同司農音讚將如字劉音陽餐之然反饜作旦反下遐嫁反〔疏〕注鄭司至二石○釋曰此經因天子以下執玉遂說尊卑之玉善惡不同先鄭以爲全純玉也純玉云全純色也龍當爲尨尨謂雜色後鄭以爲全純玉也純玉即純色義無殊瓚讀餐饜之饜者臨人職有餐食漢時有膏饜今連言餐饜者取雜意云龍瓚將皆雜名者謂玉之雜名此亦含雜色必知後鄭玉雜中含色者見鄭異義駁云玉雜則色雜則知玉全色亦全也云卑者下尊以輕重爲差玉多則重石多則輕知者見盈不足術曰玉方寸重七兩石方寸重六兩云公侯四玉一石伯子男三玉二石者按禮緯云天子純玉尺二寸公侯九寸四玉一石伯子男三玉二石此注出於彼但此經公與侯異注及彼文公侯同又彼伯子男同十寸皆與此經不同者彼據殷法但玉石多少與周同故引之也若然公侯同四玉一石而龍瓚異者蓋玉色有別也

繼子男執皮帛謂公之孤也見禮次子男贄用束帛而以豹皮表之爲飾天子之孤表帛以虎皮此說玉及皮帛者遂言見天子之用贄○見禮賢遍反下同

疏 注謂公至用贄○釋曰此公之孤上不言子男而此云繼子男者以上文不見子男也不見者以子男與伯同用三王二石故空其文見子男與伯等以是得言以皮帛繼子男也以大行人注言之此亦是孤尊更以其贄見也知諸侯孤飾贄以豹皮天子之孤飾以虎皮者郊特牲云虎豹之皮示服猛也二者皮中爲美虎皮又貴天子孤尊故知義然也

天子圭中必必讀如鹿車縪之縪謂以組約其中央爲執之以備失隊○必府結反戚如字縪劉府結反沈音畢云劉音非也按北俗今猶有此語音如劉音蓋古語乎劉音未失組約如字劉阿駮反爲于僞反隊直類反

疏 注必讀至失隊○釋曰上列天子及公侯伯之圭於此獨言天子圭中必者按聘禮記五等諸侯及聘使所執圭璋皆有繅藉及絇組絇組所以約圭中央恐失隊即此中必之類若然圭之中必尊卑皆有此不言諸侯圭舉上以明下可知云讀如鹿車縪之縪者俗讀之也此縪縪絇組一也

四圭尺有二寸以祀天郊天所以禮其神也典瑞職曰四圭有邸以祀天旅上帝○邸丁禮反又音帝下文同

疏 注郊天至上帝○釋曰此圭典瑞直言所用禮神不言尺寸故此言之此直言尺二寸按典瑞注先鄭云中央爲璧圭著其四

面一玉俱成又云圭末四出若然此尺二寸者未知璧在中央通兩畔揔計爲尺二寸未知除璧之外兩畔之圭各有一尺二寸據下裸圭尺有二寸而言則此四圭圭別尺有二寸仍未審以璧爲邸邸徑幾許禮既無文不可強記也引典瑞者證祀天爲夏正郊所感帝兼國有故旅祭五帝之事亦以此圭禮神也

大圭長三尺杼上終葵首天子服之

王所搢大圭也或謂之珽終葵椎也爲推於其杼上明無所屈也杼閷也相玉書曰珽玉六寸明自炤○杼直呂反珽他頂反椎直追反下同閷色界反劉色例反殺字之異者本或作殺下取殺文同相息亮反炤音照

［疏］大圭至服之○釋曰言大圭者以其長故得大圭之稱言服之者以其搢於衣帶之間同於衣服故以服言之○注王所至自炤○釋曰云王所搢大圭也者典瑞云王搢大圭執鎭圭繅藉五采五就以朝日是也云或謂之珽者玉藻云天子搢珽方正於天下也鄭云言珽然無所屈此注亦云明無所屈皆對諸侯爲荼大夫前屈後屈故云無所屈也云終葵椎也者齊人謂椎爲終葵故云終葵椎也云相玉書曰珽玉六寸明自炤者謂於三尺圭上除六寸之下兩畔殺去之使已上爲椎頭言六寸據上不殺者而言云明自炤者玉體瑜不掩瑕瑕不掩瑜善惡露

見是其忠實君子於玉比德焉言忠實故云明自炤也引之者證大圭者爲終葵六寸已下杼之也**土圭尺有五寸以致日以土地**致日度景至不夏日至之景尺有五寸冬日至之景丈有三尺土猶度也建邦國以度其地而制其域○景度待洛反下注同

疏土圭至土地○釋曰言土圭謂度土地遠近之圭故云土圭○注致日至其域○釋曰云致日度景至不者於地中立八尺之表於中漏半夏至日表北尺五寸景與土圭等冬至日丈三尺爲景至若不依此皆爲不至故云度景至不也但景至與不至皆由君政得失而來度之者若不至使君改德教也云夏日至之景尺有五寸冬日至之景丈三尺者皆通卦驗文大司徒亦云夏日至之景尺有五寸謂之地中云土猶度也建邦國以度其地而制其域者此度地封諸侯日景一分地差百里五等諸侯直取五分景已下無取尺寸之義也

祼圭尺有二寸有瓚以祀廟祼之言灌也或作淉或作果祼謂始獻酌奠也瓚如盤其柄用圭有流前注○祼古亂反注淉果皆同

疏祼圭至祀廟○釋曰鄭注小宰云惟人道宗廟有祼天地大神至尊不祼故此唯云以祀廟典瑞兼云以祼賓客此不言者有典瑞故作文略也○注

祼之至前注○釋曰讀祼爲灌者取水灌之義云祼謂始獻酌奠也者小宰注云祼亦謂祭之啐之奠之以其尸不飲故云奠之按司尊彝注祼謂始獻尸郊特牲注云始獻神也者以其祼入獻于尸故云獻尸二灌主爲降神故云獻神三注雖曰不同其義一也云瓚如盤其柄用圭有流前注者鄭注典瑞引漢禮瓚盤大五升口徑八寸下有盤口徑一尺言有流前注者案下三璋之勺鼻寸是也言前注者以尸執之向外祭乃注之故云有流前注也　琬圭九寸而繅以象德琬猶圜也王使之瑞節也諸侯有德王命賜之使者執琬圭以致命焉繅藉也○琬於阮反繅音早使所吏反下同藉慈夜反

疏　琬圭至象德○釋曰典瑞云琬圭以治德以結好此不言結好此文略彼云治德據使者而言此言象德據圭體而說彼不言有繅此言有繅亦是互見爲義○注琬猶至藉也○釋曰云諸侯有德王命賜之使者執琬圭以致命焉者若天王使毛伯來錫公命公羊云錫者何賜也命者何加我服也是諸侯有德王使人賜命之事也　琰圭九寸判規以除慝以易行凡圭琰上寸半琰圭琰半以上又半爲瑑飾諸侯有爲不義使者征之執以爲瑞節也除慝誅惡逆也易行去煩苛○琰餘冉

反慝吐得反易以豉反又音亦改也行音下孟反【疏】注凡
注同以上時掌反瑑直轉反去起呂反苛音何　圭至
煩苛○釋曰知凡圭琰上寸半者禮記雜記云知此琰圭琰
半以上又半爲瑑飾者以其言判判半也又云規明半以上
琰至首規半以下爲瑑飾可知云諸侯有爲不義使者征之
執以爲瑞節也者此釋除慝故引經文除慝誅惡逆也云易
行去煩苛者此非惡逆之事直政教煩多而苛虐
是諸侯行惡故王使人執之以爲瑞節易去惡行

璧羨度尺好三寸以爲度

鄭司農云羨徑也好璧孔也爾雅曰
肉倍好謂之璧好倍肉謂之瑗肉好
若一謂之環玄謂羨猶延其袤一尺而廣狹焉○羨以善反
延也又音賤徑也好呼報呼老二反注同肉柔又柔育二反
下同瑗于眷反劉
于願反袤音茂【疏】
注鄭司至狹焉○釋曰引爾雅欲見
此璧好三寸好即孔也兩畔肉各三
寸兩畔共六寸是肉倍好也後鄭云羨猶延其袤一尺而廣
狹焉者是羨爲不圜之貌造此璧之時應圜徑九寸今減廣
一寸以益上下之袤一寸則上下一尺廣八寸故云其袤一
尺而廣狹焉狹焉謂八寸也以爲度者天子以爲量物之度
也

圭璧五寸以祀日月星辰

禮其神也圭其邸
爲璧取殺於上帝【疏】

注禮其至上帝○釋曰此圭璧謂以璧爲邸旁有一圭故云圭其邸爲璧也云取殺於上帝者按上文四圭以祀天此曰月星辰爲天之佐故一圭是取殺於上帝也按典瑞云兩圭有邸以祀地璋邸射以祀山川彼山川亦取殺於地此不言者文略彼又有珍圭牙璋此不言者亦是文略並玉人造之可知○**璧琮九寸諸侯以享天子**享獻也聘禮享君以璧享夫人以琮○琮才宗反○〈疏〉注享獻至以琮○釋曰按小行人二王後享天子及后用圭璋則此璧琮九寸據上公引聘禮者欲見經云享天子用璧享后用琮此據上公九命若侯伯當七寸子男當五寸○**穀圭七寸天子以聘女**納徵加於東帛〈疏〉注納徵加於東帛○釋曰自士已上皆用玄纁束帛但天子加以穀圭諸侯加以大璋也**大璋中璋九寸邊璋七寸射四寸厚寸黄金勺青金外朱中鼻寸衡四寸有繅天子以巡守宗祝以前馬**射琰出者也勺故書或作約杜子春云當爲勺謂酒尊中勺也鄭司農云鼻謂勺龍頭鼻也衡謂勺柄龍頭也玄謂鼻勺

流也凡流皆爲龍口也衡古文橫假借字也衡謂勺徑也三璋之勺形如圭瓚天子巡守有事山川則用灌焉於大山川則用大璋加文飾也於中山川用中璋殺文飾也於小山川用邊璋半文飾也其祈沈以馬宗祝亦執勺以先之禮王過大山川則大祝用事焉將有事於四海山川則校人飾黃駒○射食亦反反注及下注同勺上灼反注同衡音橫注衡謂並同祈沈如字劉居綺反小爾雅曰祭山川曰祈沈按爾雅祭山曰庪縣祭川曰浮沈祈音九委反今讀宜依爾雅音大祝音泰校戶教反

〔疏〕大璋至前馬○釋曰此經說王巡守出行過山川禮敬之事三璋據爲勺柄黃金勺以下據爲勺頭○注射琰至黃駒○釋曰射琰出者也者向上謂之出謂琰半已上其半已下爲文飾也先鄭云鼻謂勺龍頭鼻後鄭增成其義衡謂勺柄龍頭後鄭不從玄謂衡古文爲橫謂勺徑破先鄭爲勺柄云三璋之勺形如圭瓚者圭瓚之形前注已引漢禮但彼口徑八寸下有盤。徑一尺此徑四寸徑既倍狹明所容亦少但形狀相似耳故云形如圭瓚也知用灌者以其圭瓚灌宗廟明此巡守過山川用灌可知於大山川已下至半文飾皆無正文鄭君以意解之云祈沈以馬者取校人飾黃駒故知馬也知宗祝亦執勺以先之者即引大祝職云王過大山川則大祝用事焉是大祝用此經黃金勺之事也云將有事于四海山川則校人飾黃駒者校人職文引之者見禮山川非直灌亦有牲牢以山川地神故用黃駒也大祝職云王過大山川大祝用事不言中山川小山川者舉大者而言或使小祝爲之也

大璋亦如之諸侯以聘女亦納徵加於束帛也大璋者以大璋之文飾之也亦如之者如邊璋七寸射四寸

〔疏〕注亦納至四寸○釋曰鄭知以大璋之文飾之者以其與上大璋同名明以大璋之文飾之也又知如邊璋七寸射四寸者以其天子穀圭七寸以聘女諸侯不可過於天子爲九寸既文承邊璋之下而言亦如之明知如邊璋七寸射四寸也

瑑圭璋八寸璧琮八寸以頫聘瑑文飾也頫視也聘問也衆來曰頫特來曰聘聘禮曰凡四器者唯其所寶以聘可也○頫吐弔反

〔疏〕瑑圭至頫聘○釋曰此謂上公之臣執以頫聘。用圭璋享用璧琮於天子及后也若兩諸侯自相聘亦執之侯伯之臣宜六寸子男之臣宜四寸○注瑑圭至可也○釋曰云瑑文飾也者凡諸侯之臣頫聘並不得執君之桓圭信圭之等直瑑爲文飾耳云頫視也聘問也者按大宗伯云時聘曰問殷頫曰視故據彼而言也云衆來曰頫特來曰聘者衆來則元年七年十一年一服朝之歲來者衆也

特來則天子有事乃來無常期者是也引聘禮者彼亦云圭璋璧琮四器故引以爲證云所寶謂不聘時寶之

牙璋中璋七寸射二寸厚寸以起軍旅以治兵守二璋皆有鉏牙之飾於琰側先言牙璋有文飾也○鉏劉李惻魚反沈徐加反疏注二璋至飾也○釋曰牙璋起軍旅治兵守正與典瑞文同彼無中璋者以其大小等故不見也牙璋起軍旅則中璋亦起軍旅二璋蓋軍多用牙璋軍少用中璋鄭知二璋皆爲鉏牙之飾者以其同起軍旅又以牙璋爲首故知中璋亦有鉏牙但牙璋文飾多故得牙名而先言也

駔琮五寸宗后以爲權駔讀爲組以組繫之因名焉鄭司農云以爲稱錘以起量○駔音祖稱尺正反錘直僞反劉直危反疏駔琮至爲權○釋曰此后所用故五寸降於下文天子所用七寸者也○注駔讀至起量○釋曰駔讀爲組者於義無取於駔故從組以其用組爲繫言因名焉者以組爲繫名組琮似以玉飾豆即名玉豆其類也先鄭云以爲稱錘以起量者量自是升斛之名而云爲量者對文量衡異散文衡亦得爲量以其量輕重故也

大琮十有二寸射四寸厚寸是

謂內鎮宗后守之如王之鎮圭也射其外鉏牙〔疏〕注如王至鉏牙○釋曰言大琮者對上駔琮五寸爲大也言十有二寸者并角徑之爲尺二寸言射四寸者據角各出二寸兩相并四寸言是謂內鎮者對天子執鎮圭爲內謂若內宰對大宰爲內內司服對司服爲內王不言外者男子居外是其常但婦人陰則得內稱也云射其外鉏牙者據八角鋒故云鉏牙也

駔琮七寸鼻寸有半寸天子以爲權鄭司農云以爲權故有鼻也〔疏〕駔琮至爲權○釋曰此天子以爲權故有鼻上后權不言鼻者舉以見后亦有鼻可知

兩圭五寸有邸以祀地以旅四望邸謂之柢有邸僢共本也○柢音帝劉作桓戶古反僢昌絹反〔疏〕兩圭至四望○釋曰此亦依典瑞所解謂祀神州之神於北郊及國有故旅祭四望以對四圭有邸祀天及旅上帝也若天地自用黃琮云僢共本也者亦一玉俱成兩圭尺○相對爲僢也

瑑琮八寸諸侯以享夫人獻於所朝聘君之夫人也〔疏〕瑑琮至夫人○釋曰言以享夫人則是諸侯自相朝所用致享者也五等諸侯朝天子享用璧琮不降瑞

若自相享降瑞一等此八寸據上公二王後自相享亦用璧琮八寸侯伯當六寸子男自相享退用琥璜降用四寸經言諸侯正是朝注兼云聘者其臣聘瑑圭璋璧琮亦皆降一等與君寸數同故兼言聘也此經直言瑑琮不言瑑璧以享君交略可知也

案十有二寸棗㮚十有二列諸侯純九大夫純五夫人以勞諸侯純猶皆也鄭司農云案玉案也夫人天子夫人玄謂案玉飾案也夫人王后也記時諸侯僭稱王而夫人之號不別是以同王后於夫人也玉案十二以爲列王后勞朝諸侯皆九列聘大夫皆五列則十有二列者勞二王之後也棗㮚實於器乃加於案聘禮曰夫人使下大夫勞以二竹簋方玄被纁裏有蓋其實棗烝㮚擇兼執之以進○勞力報反注同被皮寄反

疏 案十至諸侯 釋曰案十有二寸者謂玉案十有二枚云棗栗十有二列案案皆有棗栗爲列十有二者還據案十二爲數不謂一案之上十有二也○注純猶至以進○釋曰先鄭云夫人天子夫人後鄭不從者勞諸侯以王后爲主豈不見后先見三夫人乎故不從也玄謂案玉飾案也者以其在玉人故知以玉飾案也云記時諸侯僭稱王者春秋之世吳楚及越僭號稱王而吳楚夫人

不稱后是夫人之號不別也云是以同王后于夫人也者周王與吳楚同號王故周王后號亦下同吳楚之夫人也云案十有二以爲列者微破賈馬以此十二列比聘禮醯醢夾碑百甕十以爲列云王后勞朝諸侯皆九列聘大夫皆五列則十二列勞二王之後也者以其經夫人以勞諸侯文在下揔結上文三者故以此義推量之也云棗㮚實于器乃加於案者此約聘禮故即引聘禮爲證也聘禮五介入境張旃是侯伯之卿大夫聘者也而主國夫人使下大夫勞賓以二竹簋方者簋法圓今此竹簋方爲之者此或棗㮚與黍稷簋異也玄被者以玄纁爲表彼聘禮諸侯夫人使下大夫勞無案直有棗栗此后勞有棗栗又亦有案引之者證此棗栗亦盛於竹簋者也

璋邸射素功以祀山川以致稍餼　邸射剡而出也致稍餼造賓客納稾食也鄭司農云素功無瑑飾也餼或作氣杜子春云當爲餼○造七報反

【疏】注邸射至爲餼○釋曰云以祀山川者謂四望之外所有山川皆是云邸射剡而出也者向上謂之出半圭曰璋璋首邪却之今於邪却之處從下向上揔邪却之名爲剡而出云致稍餼造賓客納稾食也者謂賓客在館主君使人造賓客納稾食稾食則米者也以其經云稍餼稍稍致之是食米曰稾者也

㮜人 闕○㮜莊密反本或作㮜

雕人 闕○雕音彫本亦作彫

磬氏爲磬倨句一矩有半 必先度一矩爲句一矩爲股而求其弦既而以一矩爲有半觸其弦則磬之倨句也磬之制有大小此假矩以定倨句非用其度耳○倨音據句沈音鉤注同劉如字先度待洛反【疏】注必先至度耳○釋曰鄭云必先度一矩爲句者據上曲者一矩爲股據下直者而求其弦者弦謂兩頭相望者云既而以一矩有半觸其弦者假令句股各一尺今以一尺五寸觸兩弦其句股之形即磬之倨句折殺也云磬之制有大小者按樂云磬前長三律二尺七寸後長二律尺八寸是磬有大小之制也云此假矩以定倨句非用其度耳者謂此經倨句各一矩并一矩有半皆假設言之以定倨句及其作磬非用此度自依律長短爲之也

其博爲一 博謂股博也博廣也【疏】注博謂至廣也○釋曰鄭知此博是股廣在上者以其下文因此博而云股爲二明此博即股廣也此上下云一二三者此亦假一二三而爲長短廣狹故不言尺寸也

股爲二鼓

爲三參分其股博去一以爲鼓博參分其鼓博以其一爲之厚鄭司農云股磬之上大者鼓其下小者所當擊者也玄謂股外面鼓內面也假令磬股廣四寸半者股長九寸也鼓廣三寸長尺三寸半厚一寸○去起呂反令力呈反後皆同〔疏〕注鄭司至一寸○釋曰先鄭云股磬之上大者鼓其下小者以其股面廣鼓面狹故以大小而言也玄謂股外面也者以其在上故以爲外鼓內面也者以其在下故以爲內言假令者經直言一二三不定尺寸是假設之言也若定尺寸自當依律爲短長也以四寸半爲法者直取從此已下爲易計非實法也

已上則摩其旁鄭司農云磬聲大上則摩鑢其旁玄謂大上聲淸也薄而廣則濁○已上時掌反注同大音泰劉乜賀反下同鑢音慮〔疏〕注鄭司至則濁○釋曰先鄭直云摩鑢其旁不言處所故後鄭增成之凡樂器厚則聲淸薄則聲濁今大上是聲淸故摩使薄薄而廣則濁也

已下則摩其耑大下聲濁也短而厚則淸○耑音端劉又音穿本或作端〔疏〕注大下至則淸○釋曰此聲濁由薄薄不可使厚故摩使短短則形小形小則厚厚則聲淸也

矢人爲矢鍭矢參分茀矢參分一在前二在後參訂之而平者前有鐵重也司弓矢職茀當爲殺鄭司農云一在前謂箭槀中鐵莖居參分殺一以前○鍭矢音侯劉音侯茀音殺色黠反劉色例反李音拂訂音亭劉當定反槀古老反下同〔疏〕注參訂至以前○釋曰云參訂之而平者以其言參分一在前二在後明據稱量得訂而言之云前有鐵重也者若不前鐵重何以參分得訂也引司弓矢職者彼鍭矢與殺矢相對茀矢與矰矢相對此上既言鍭矢明下宜有殺矢對之故破此茀爲殺也先鄭云一在前謂箭槀中鐵莖居參分殺一以前者後鄭意直據近鏃鐵多先鄭據長短又以參分殺一近鏃宜細以其鏃長近鏃雖殺猶重與後鄭義合故引之在下也

兵矢田矢五分二在前三在後鐵差短小也兵矢謂枉矢絜矢也此二矢亦可以田田矢謂矰矢○絜苦結反又音結矰音增〔疏〕注鐵差至矰矢○釋曰云鐵差短小也者前參分一在前得訂此五分二在前得訂故知鐵差短小也云兵矢謂枉矢絜矢也者以司弓矢職參之下有七分當茀矢矰矢此五分當枉矢絜矢也云田矢謂矰矢者依鄭志此云田矢謂矰矢非謂經

中田矢正是下文七分者若然既非經之田矢鄭言之者欲見矰矢正田矢此經二矢亦可以田若然經枉矢絜矢非直爲兵矢亦將田獵故云此二矢亦可以田也按鄭志趙商問司弓矢注云凡矢之制矰矢之屬七分三在前四在後按矢人職曰田矢五分二在前三在後注云田矢謂矰矢數不當應不知所裁荅曰田矢謂矰矢此先定後云此二矢亦可以田頃若少疾此疏初在篋笥之間屬錄事得之謹荅若然鄭君本意以矰矢爲田矢非經田矢自是尋常田矢此二矢亦可以田解經田矢是枉矢絜矢非直爲兵矢此二者亦可以田也此鄭云田矢謂矰矢按司弓矢職枉矢絜矢言利諸田獵茀矢矰矢直言弋射不言田獵而云田矢者弋射即是田獵也按司弓矢職枉矢絜矢在前後乃云鍭矢殺矢此矢八先言鍭矢殺矢者彼據事之重者爲先以其枉矢絜矢用諸戰伐是重故在前此據鐵輕重重者在前故不同也

殺矢七分三在前四在後鐵又差短小也司弓矢職殺當爲茀○殺依注爲茀劉符弗反李音拂

〔疏〕注鐵又至爲茀○釋曰上經已破茀當爲殺此殺固宜爲茀與矰矢同七分故亦引司弓矢證之也此經直言茀矢不言矰矢者以其與茀矢同制故略而不言也言鐵又差短小也者以其前五分二在前此七分三

在前是差
短小也
參分其長而殺其一矢稾長三尺殺其前
一尺令趣鏃也○殺
本又作䊹色界反注下皆同趣七
喻反一音促鏃子木反或七木反〔疏〕注矢稾至鏃也○釋
曰按稾人注矢服長
短之制未聞今此注云矢稾長二尺彼以無正文故
云未聞此云三尺者約羽六寸逆差之故知三尺也五分
其長而羽其一羽者六寸○羽于
付反注及下同以其笴厚爲之
羽深笴讀爲稾謂矢幹古文假借字厚
之數未聞○笴古老反下相笴同水之以辨其
陰陽○辨猶正也陰沈而陽浮〔疏〕注辨猶至陽浮○釋
○辨皮勉反劉方免反曰就其浮沈刻記之夾
其陰陽以設其比夾其比以設其羽夾其陰陽者
弓矢比在稾
兩旁弩矢比在上下設羽於四角鄭司農云比謂
括也○夾古洽反劉古協反比毗志反下及注同〔疏〕注夾
其至
括也○釋曰云弓矢比在稾兩旁者以其弓豎用之故比在
稾之兩畔云弩矢比在上下者以其弩弓橫用之故比在稾
上下云設羽於四角者無問弓之矢弩之
矢比在兩旁上下皆設羽於四角同也參分其羽以

設其刃刃二寸疏注刃二寸○釋曰知刃二寸者以其言參分其羽以設其刃不可參分取二分作四寸刃明知參分取一得二寸爲刃故知刃二寸則雖有疾風亦弗之能憚矣故書憚或作但○鄭司農云讀當爲憚之以威之憚謂風不能驚憚箭也○憚音但都達反李直旦反注同李又直丹反刃長寸圍寸鋌十之重三垸刃長寸脫二字鋌一尺○鋌直頂反垸音丸疏注刃長至一尺○釋曰知脫二字者據上參分其羽以設其刃若刃一寸則羽三寸矢一尺五寸便大短明知脫二字也前弱則俛後弱則翔中弱則紆中強則揚羽豐則遲羽殺則趮言幹羽之病使矢行不正俛低也翔迴顧也紆曲也揚飛也豐大也趮旁掉也○趮音躁子到反旁掉也沈又色到反掉徒弔反是故夾而搖之以眡其豐殺之節也今人以指夾矢橅衞是也○搖本又作揩羊招反疏是故至節也○釋曰上經陳幹羽失所今此經說知矢之羽病狀故云夾而搖之以眡其豐殺之節也橈

之以眡其鴻殺之稱也橈搦其幹○橈乃孝反稱尺證反搦女角反〔疏〕橈之至稱也○釋曰此經說知矢幹之病狀此言鴻即上文强是也此言殺即上文弱是也凡相笴欲生而摶同摶欲重同重節欲疏同疏欲㮚相猶擇也生謂無瑕蠹也摶讀如摶黍之摶謂圜也鄭司農云欲㮚欲其色如㮚也○相息亮反注同摶徒丸反蠹丁故反〔疏〕注相猶至㮚也○釋曰云生謂無瑕蠹也者直言欲生於義無所取故以無瑕蠹解之無瑕謂無異色無蠹謂無蠹孔也云摶讀如摶黍之摶者讀如爾雅釋鳥黄鳥摶黍也此取其摶圜之義先鄭云欲㮚欲其色如㮚也者觀經㮚義取堅實先鄭云色如㮚即是堅實者

陶人爲甗實二鬴厚半寸脣寸盆實二鬴厚半寸脣寸甑實二鬴厚半寸脣寸七穿量六斗四升曰鬴鄭司農云甗無底甑○甗魚輦反又音言劉魚建反沈魚偃反一音彦甑也鬴音輔〔疏〕注量六至底甑

釋曰六斗四升曰鬴昭三年左氏傳齊晏子辭云甗無底甑者對甑七穿是有底甑

鬲實五觳厚半寸脣寸庾實二觳厚半寸脣寸鄭司農云觳讀爲斛觳受三斗聘禮記有斛玄謂豆實三而成觳則觳受斗二升庾讀如請益與之庾之庾○鬲實音歷觳音斛〔疏〕鄭注司至之庾○釋曰先鄭云觳讀爲斛觳受三斗又引聘禮記有斛者按下旊人豆實三而成觳受斗二升有成文而先鄭讀觳爲斛斛受十斗又云觳受三斗復引聘禮記有斛其言自相亂後鄭皆不從之也玄謂豆實三而成觳出於下文引之破先鄭觳受三斗或十斗也讀庾爲請益與之庾之庾者讀從論語孔子冉有辭小爾雅匊二升二匊爲豆豆四升四豆曰區四區曰釜二釜有半謂之庾者庾本有二法故聘禮記云十六斗曰藪注云今文藪爲逾逾即庾也按昭二十六年申豐云粟五千庾杜注云庾十六斗以此知庾有二法也

旊人爲簋實一觳崇尺厚半寸脣寸豆實三而成觳崇尺崇高也豆實四升○旊方往反〔疏〕旊人至崇尺○釋曰祭宗廟皆用木簋今

此用瓦簋據祭天地及外神尚質器用陶匏之類也注云豆實四升者案子辯披易損卦彖云二簋可用享四以簋進黍稷於神也初與二直其四與五承上故用二簋四巽爻也巽爲木五離爻也離爲日日體圜木器而圜簋象也是以知以木爲之宗廟用之若祭天地外神等則用瓦簋故郊特牲云埽地而祭於其質也器用陶匏以天地之性是其義也若然簠法圓舍人注云方曰簠圓曰簋注與此合孝經云陳其簠簋注云内圓外方者彼發簠而言之

凡陶瓬之事髻墾薜暴不入市

爲其不任用也鄭司農云髻讀爲刮薜讀爲蘗黃蘗之蘗暴讀爲剝玄謂髻讀爲眲墾頓傷也薜破裂也暴墳起不堅致也○髻音刮墾苦狠反薜卜革反劉薄駮反注同暴音剝又音雹或蒲到反爲于僞反任音壬眲劉音月或五刮反一音兀又五活反墳扶粉反致直吏反

疏注爲其至致也○釋曰先鄭云髻讀爲刮刮是亂刮摩之義故不任用理無所取故後鄭不從薜讀爲蘗黃蘗之蘗取音同又以暴爲剝者凡爲器無剝破之義故後鄭亦不從也玄謂髻讀爲眲眲謂器不正欹邪者也

器中膊豆中縣

膊讀如車輇之輇既拊泥而轉其均尌膊其側以擬度端其器也縣縣繩正豆之柄○中丁仲反下同膊

市專反注輇同縣音玄後皆放此柎音附又方〔疏〕注膊讀
附反尌音樹本又作樹擬疑紀反度待洛反至之柄
釋曰云膊讀如車輇之輇者讀從雜記載以輇車之輇取音
同也云尌膊其側者按下文膊崇四尺上下高四尺無邪曲
轉其均之時當擬度此膊宜與膊相應其器則正也豆中縣
者豆柄中央把之者長一尺宜上下直與縣繩相應其豆則
○直膊崇四尺方四寸凡器高於此則垺不能相勝厚於
此則火氣不交因取式焉○垺芳
符反又普回〔疏〕注凡器至式焉○釋曰高於此謂崇四尺
反勝者升○有餘也厚於此謂厚於方四寸謂垺柎四
畔各一寸也垺厚火氣不
交垺不孰則易破者也○

梓人爲筍虡樂器所縣橫曰筍植曰虡鄭司農云筍讀
爲竹筍之筍○簨息允反本又作筍虡音
巨植直吏反
又時力反○〔疏〕梓人爲筍虡○釋曰此文與下文爲揔目
耳故下文重說爲筍虡之法也○注樂器
至之筍○釋曰樂器所縣於筍虡者謂鍾磬鎛者也先鄭筍
讀爲竹筍之筍筍謂竹初生則臨人筍菹者也亦取音同也

天下之大獸五脂者膏者臝者羽者鱗者

脂牛羊屬膏豕屬臝者謂虎豹貔螭爲獸淺毛者之屬羽〔疏〕鳥屬鱗龍蛇之屬○臝力果反下同貔音毗螭來知反天下至鱗者○釋曰此文亦與下爲目故下亦别列五者所用不同也○注脂牛至之屬○釋曰知脂是牛羊屬膏豕屬者下云二者祭宗廟以爲牲故知也鄭注内則云凝者曰脂釋者曰膏臝屬者謂虎豹貔貙淺毛者之屬按月令季夏亦云其蟲臝注云虎豹淺毛者鱗龍蛇之屬者月令春云其蟲鱗注云龍蛇之屬也

宗廟之事脂者膏者以爲牲致美味也〔疏〕宗廟至爲牲○釋曰上摠言於此已下别言之者欲分别可爲筍虡者也

臝者羽者鱗者以爲筍虡貴野聲也〔疏〕臝者至筍虡○釋曰此三者以爲筍虡仍是摠言可以爲筍虡以别於上云爲牲者耳至下文仍更簡别可爲筍可爲虡二者不同者也

外骨内骨卻行仄行連行紆行以脰鳴者以注鳴者以旁鳴者以翼鳴者以股鳴者以胷鳴者謂之小蟲之屬以爲雕琢刻畫祭器博庶物也

外骨龜屬內骨鼈屬卻行螾衍之屬仄行蟹屬連行魚屬紆行蛇屬脰鳴鼃黽屬注鳴精列屬旁鳴蜩蜺屬翼鳴發皇屬股鳴蚣蝑動股屬胷鳴榮原屬○卻羌略反劉去逆反仄音側紆乙俱反李又香于反脰音豆頸也注陟又反劉都豆反一音之樹反胷鳴本亦作骨又作胷于本作骨云敝屁屬也賈馬作胷賈云靈蠵也鄭云榮原屬也不知榮原之屬以何鳴作胷者恐非也沈云作胷爲得亦所未詳聶音胃劉本作胷音鹵豖丁角反鼈必滅反本又作鷩螾衍上羊忍反下如字爾雅云螾衍入耳郭璞云蚰蜒也按此蟲能兩頭行是卻行劉云或作衍蚓衍音延今曲蟮也鼃戶媧反黽莫幸反蜩音條蟬也蜺五兮反又五歷反又五結反蚣息容反蝑思餘反又思呂反榮原如字原亦作螈音同又五丸反

【疏】注刻畫至原屬○釋曰上云大鳥獸或爲宗廟牲或爲筍虡設今此更別言小蟲之屬以飾祭器者也自紆行以上不能鳴者據行而言自脰鳴已下能鳴者據鳴而言云以爲雕琢者以雕畫及刻爲琢飾者也此注龜爲外骨鼈爲內骨按易說卦云離爲鼈爲蟹爲龜注皆云骨在外與此注違者龜鼈皆外骨但此經外骨內骨相對以鼈外有肉緣故爲內骨也云卻行螾衍之屬者按爾雅釋蟲螾衍入耳按方言云螾衍注云延兩音自關而東謂之螾衍音引云仄行蟹屬者今人

謂之旁蟹以其側行故也云連行魚屬者以其魚唯行相隨故謂之連行也云紆行蛇屬者紆曲也以其蛇行屈曲故謂之紆行也云脰鳴鼃黽屬者鼃黽即蝦蟇也脰項也以其項中鳴也云注鳴精列屬者按釋蟲云蟋蟀蛬注云今促織也亦名青䴕方言楚謂之蟋蟀或謂之蛬南楚之間或謂之王孫云旁鳴蜩蜺屬者此即蟬也蟬鳴在脅云翼鳴發皇屬者按爾雅蛂蟥蛢郭云甲蟲也大如虎豆綠色今江東呼爲黃蛢即此發皇也云股鳴蚣蝑動股屬者七月詩云五月斯螽動股陸機云幽州人謂之舂箕長而青角長股股鳴者云胷鳴榮原屬者此記本不同馬融以爲胃鳴干寶本以爲骨鳴胃在六府之内其鳴又未可以骨爲狀亦難信皆不如作胷鳴也揚雄以爲蛇醫或謂之榮原。厚脣弇口出目短耳大胷燿後大體短脰若是者謂之羸屬恒有力而不能走其聲大而宏有力而不能走則於任重宜大聲而宏則於鍾宜若是者以爲鍾虡是故擊其所縣而由其虡鳴燿讀爲哨頎小也鄭司農云宏讀爲紘綖之紘謂聲音大也由若也○弇於檢反燿所教反劉李羊肖反哨音稍劉李音與耀同沈蘇堯反頎小音傾李一音懇【疏】注燿讀至若也○釋曰云燿讀爲哨頎小也者哨與頎皆是少小之義故云哨頎小也凡猛獸有力者皆前麤後細故云大胷燿後先鄭讀宏爲紘綖之紘讀從桓二年臧哀伯云衡紞紘綖取其音同耳鋭喙決吻數目顅脰小體騫腹若是者謂之羽屬恒無力而輕其聲清陽而遠聞無力而輕則於任輕宜其聲清陽而遠聞於磬宜若是者以爲磬虡故擊其所縣而由其虡鳴吻口腃也顅長脰皃故書顅或作牼鄭司農云牼讀爲爲鬜頭無髮之鬜○鋭喙況廢反一音呂鋭反決如字又烏穴反吻劉無憤反戚亡粉反數劉音促李粗角反顅苦顏反又楷田反李又古慳反又戶弔反聞音問下同腃音權牼劉苦顏反又客田反一音工定反按左傳有華牼音苦耕反鬜劉苦顏反呂沈同云鬢禿也或若瞎反一音

枯㓦〔疏〕鋭喙至虡鳴。○釋曰上既言鍾虡此說磬虡磬輕
反於鍾故畫鳥爲飾。○注吻口至之鬛。○釋曰云吻
口脃者鳥乃喙長決物食之時則以近喙本決故云決吻鄭
云吻口脃也云顧長脰皃者脰項也謂長項皃先鄭云讀爲
鬛鬛頭無髮之鬛者時俗有以無髮爲鬛故讀從之亦取音同
也此是鍾磬之虡不言鐏虡鐏虡與鍾同以其鐏如鍾而大
獨在一虡爲異耳

小首而長摶身而鴻若是者謂之鱗屬以爲筍

摶圜也鴻傭也。○摶徒丸反傭勑龍反〔疏〕小首至爲筍。○釋曰上論鍾磬之虡用鳥獸不同此論二者之筍同用龍蛇鱗物爲之也故直云爲筍不別言鍾之與磬欲見二者同也

凡攫閷援簭之類必深其爪出其目作其鱗之而

謂筍虡之獸也深猶藏也作猶起也之而頰頷也。○攫俱縛反舊居碧反李又九夫反閷色界反劉色例反援音袁簭音筮頰頷許慎口忽反云禿也劉九木反李又其懇反一音苦紇反又音混〔疏〕凡攫至之而。○釋曰此及下經覆釋上文鍾虡之獸云攫閷者攫著則殺之援攫則噬之如此之類必藏其爪出其目又作其鱗之而鱗之而謂動頰頷此皆可畏之貌

○注筍虡至頌也○釋曰此說鍾虡云之獸不言筍鄭言筍
者筍虡相將之物故連言之耳云鱗之而頰領也者舊讀領
字以沽罪反謂起其頰領劉炫以爲於義
無所取當爲頰領壺讀之於義爲允也　深其爪出其
目作其鱗之而則於眡必撥爾而怒苟撥爾
而怒則於任重宜且其匪色必似鳴矣匪采貌也故書
撥作廢匪作飛鄭司農云廢讀爲撥飛讀爲匪以○疏深其
似爲發○撥必末反沈蒲末反匪芳鬼反注下同至鳴
矣○釋曰此經重解上文之義鄭云匪采貌者以其以色配
匪明匪是采貌也先鄭云以似爲發者以似非直實故爲發
發謂鳴聲
發謂者也　爪不深目不出鱗之而不作則必穨
爾如委矣苟穨爾如委則加任焉則必如將
廢措其匪色必似不鳴矣措猶頓也故書措作厝杜
子春云當爲措○穨爾如
字李湯過反廢措七故反注同疏爪不至鳴矣○釋曰此
厝劉音錯七洛反又七故反經說脂者膏者止可爲

牲不可以爲虡之義也子春從措不從厝者厝置之義非措頓故從措也

梓人爲飲器勺一升爵一升觚三升獻以爵而酬以觚一獻而三酬則一豆矣勺尊升也觚豆字聲之誤觚當爲觶豆當爲斗○勺上灼反注同觚依注作觶之豉反下同豆依注作斗舊音注亦多口反下一豆酒同觚豆音孤

【疏】注勺尊至爲斗○釋曰爵制今韓詩說一升曰爵二升曰觚三升曰觶四升曰角五升曰散古周禮說亦與之同謹按周禮一獻三酬當一豆即觚二升不滿豆矣鄭玄駁之云觶字角旁支汝潁之間師讀所作今禮角旁單古書或作角旁氏角旁氏則與觚字相近學者多聞觚寡聞觗寫此書亂之而作觚耳又南郡大守馬季長說一獻而三酬則一豆豆當爲斗一爵三觶相近禮器制度云觚大二升觶大三升是故鄭從二升觚三升觶也鄭云觚豆字聲之誤者觶字爲觚是字之誤斗字爲豆是聲之誤

食一豆肉飲一豆酒中人之食也一豆酒又聲之誤當爲斗

凡試梓飲器鄉衡而實不盡梓師罪

之鄭司農云梓師罪也衡謂麋衡也曲禮執君器齊衡玄謂衡平也平爵鄉口酒不盡則梓人之長罪於梓人焉○鄉許亮反注同長丁丈反【疏】注鄭司至人焉○釋曰先鄭云梓師罪也者謂梓師身自得罪後鄭不從者梓師是梓官之長不可自受罪故爲梓師罪梓人也先鄭云衡謂麋衡也者麋即眉也但器有大小不可據上畔與眉平故後鄭不從據下畔無問大小皆得平也引曲禮者彼衡謂與心平與此義異引之者雖於處不同平義相似故引之也

梓人爲侯廣與崇方參分其廣而鵠居一焉崇高也方猶等也高廣等者謂侯中也天子射禮以九爲節侯道九十弓弓二寸以爲侯中高廣等則天子侯中丈八尺諸侯於其國亦然鵠所射也以皮爲之各如其侯也居侯中參分之一則此鵠方六尺唯大射以皮飾侯大射者將祭之射也其餘有賓射燕射○參分方云反注參分下身居一分同鵠古篤反注下同射食亦反下射三侯下文射女同【疏】梓人至一焉○釋曰禮射有三有燕射賓射大射大射射鵠賓射燕射射侯法亦與此同○注崇高至燕射○釋曰云高廣等者謂侯中也者鄉射記云弓二寸以爲侯中中則身也云天子射禮以九爲節者按射人及樂師皆云天子以騶虞

九節是也云侯道九十弓者此約大射禮大侯九十弓天子九節亦九十弓可知云弓二寸以爲侯中者鄉射記文鄉侯五十弓弓二寸以侯中侯中一丈則九十弓者侯中丈八尺云諸侯於其國亦然者大射禮云大侯九十弓糝侯七十豻侯五十是也但天子九十弓無文約取畿外諸侯有九十七十五十弓今此以天子至尊爲主以諸侯亦如之云鵠所射也者射義云爲人君者以爲君鵠爲人臣者以爲臣鵠又云循聲而發發而不失正鵠者其唯賢者乎是所射者也云以皮爲之各如其侯也者侯謂以皮飾兩畔其鵠之皮亦與飾侯用皮同也謂若虎侯以虎皮飾侯側其鵠亦用虎皮其餘熊豹麋等亦然云居侯中參分之一者釋經參分其廣而鵠居一焉云則此鵠方六尺者以侯方丈八尺三六十八故知方六尺也云唯大射以皮飾侯者對賓射正者以五色飾侯之側爲雲氣也燕射射獸侯者亦畫雲氣飾侯之側也云大射者將祭之射也者射義說大射之事云其容體比於禮其節比於樂而中多者得與於祭是將祭而射謂之大射也其餘有賓射燕射者禮射者有此三也賓射射之所掌是也燕射燕禮所云是也又鄉射記亦云燕射之事也其餘更有鄉射不言者鄉射射采侯則亦賓射也故不别言也

上兩个與其身三下兩个

半之鄭司農云兩个謂布可以維持侯者也上方兩枚與身三設身廣一丈兩个各一丈凡爲三丈下兩个半謂之傳地故短也玄謂个讀若齊人搚幹之幹上个下个皆謂舌也身躬也鄉射禮記曰倍中以爲躬倍躬以爲左右舌下舌半上舌然則九節之侯身三丈六尺上个七丈二尺下个五丈四尺其制身夾中个夾身在上下各一幅此侯凡用布三十六丈言上个與其身三者明身居一分上个倍之耳亦爲下个半上个出也个或謂之舌者取其出而左右也侯制上廣下狹蓋取象於人也張臂八尺張足六尺是取象率焉○兩个讀爲幹古旦反下及注同李云大鄭依字傳音附搚乃荅反亦爲于僞反率音類本又作類又音律

疏上兩至半之○釋曰此經云身即中上布一幅者是也上兩个居二分身居一分故云上兩个與其身三謂三分如等也云下兩个半之者謂半其出者也一侯二侯三侯皆然故不定侯名也○注鄭司至率焉○釋曰先鄭意身即與中爲一謂方丈者其上又加布一幅長三丈爲兩个後鄭不從者侯有中有躬有个三者今先鄭唯有身不見中故不從之也玄謂个讀若齊人搚幹之幹者讀從公羊傳桓公朝齊齊侯使公子彭生搚幹而殺之是幹爲搚骨故云脅幹之幹此个亦與侯爲幹故讀從之也引鄉射記者欲見有中有躬有舌三者

云下个五丈四尺者其上兩个各出丈八尺今此下个上出九尺兩畔共減十八尺故有五丈四尺云此侯凡用布三十六丈者古者布幅廣二尺二寸二寸爲縫皆以二尺計之此侯是九十弓侯侯中丈八尺則九幅布布長丈八尺九幅九丈幅有八尺爲七丈二尺添前爲十六丈二尺上下躬各三丈六尺即上下共爲七丈二尺其上个七丈二尺下个有五丈四尺添前揔用布三十六丈也其七十弓侯侯中一丈四尺其五十弓侯侯中一丈皆倍中以爲躬倍躬以爲左右个計之皆可知也

上綱與下綱出舌尋縜寸焉綱所以繫侯於植者也上下皆出舌一尋者亦人張手之節也鄭司農云綱連侯繩也縜籠綱者縜讀爲竹中皮之縜舌維持侯者○縜於貧反或九粉反劉侯犬反一音古犬反植直吏反龍鹿工反（疏）上綱至寸焉○釋曰綱以繫侯於植者也植則在兩傍邪豎之也必知邪豎之者下个半上个皆出舌尋明知兩相皆邪向外豎之也

張皮侯而棲鵠則春以功皮侯以皮所飾之侯司裘職曰王大射則共虎侯熊侯豹侯設其鵠謂此侯也春讀爲蠢蠢作也出也天子將祭必與諸侯羣臣射以作其容體出其合於禮樂者與之事鬼神焉○棲音西春出允反（疏）張皮

至以功○釋曰云張皮侯者天子三侯用虎熊豹皮飾侯之側號曰皮侯而棲鵠者各以其皮爲鵠名此爲鵠者綴於中央似鳥之棲故云而棲鵠也○注皮侯至神焉釋曰天子將祭已下皆取射義之意以解此也

張五采之侯則遠國屬五采之侯謂以五采畫正之侯也射人職曰以射法治射儀王以六耦射三侯三獲三容樂以騶虞九節五正下曰若王大射則以貍步張三侯明此五正之侯非大射之侯明矣其職又曰諸侯在朝則皆北面遠國屬者若諸侯朝會王張此侯與之射所謂賓射也正之方外如鵠內二尺五采者內朱白次之蒼次之黃次之黑次之其侯之飾又以五采畫雲氣焉○畫正音征下皆同獲如字下皆同或音胡化反

疏張五至國屬○釋曰此據賓射之侯言五采是九十弓之侯若七十弓者則三正五十弓者則二正也言遠國屬者對畿內諸侯爲遠國若以要服以內對夷狄諸侯則夷狄爲遠國也○注五采至氣焉○釋曰鄭引射人職賓射及大射二者陰破賈馬以此五采與上春以功爲一物故云非大射之侯明矣云正之方外如鵠者惟云參分其侯鵠居一焉不見賓射之侯故云如鵠亦當參分其侯正居一焉云內二尺者中央畫朱方二尺故司裘注引諸家方二尺曰正以此二尺爲本其外以白蒼

等充其尺寸使大如鵠也凡畫正皆先以朱次白次青次黃
次玄以射是相尅伐之事故還以向南爲本其次皆以相尅
爲次其三正者去玄黃二正者又去白青直以朱綠也云其
侯之飾又以五采畫雲氣焉者皮侯以皮爲飾其側此正即
畫明其側亦以雲氣爲飾也

張獸侯則王以息燕 獸侯畫獸之侯也鄉射記曰凡
侯天子熊侯白質諸侯麋侯赤質大夫布侯畫以虎豹士布
侯畫以鹿豕凡畫者丹質○是獸侯之差也息者休農息老物
也燕謂勞使臣若與羣臣閒暇飲
酒而射○勞力報反使色吏反

疏 獸侯至而射○釋曰此燕射之侯也引鄉
射記白質赤質者皆以白土赤土塗之大夫士言布謂白布
不塗君畫一臣畫二取陽奇陰耦之義畫虎熊豹取君臣相
犯畫麋鹿豕者取其君臣相養凡畫者丹質以周尚赤故以
赤爲質地也云息者休農息老物也者謂十月農功畢君臣
飲酒以休農止息之老萬物也云燕謂勞使臣若與羣臣飲
酒而射者勞使臣謂若四牡勞使臣之來若與羣臣飲酒者
君臣閒暇無事而飲酒云而射者息老物及勞使臣幷無事
飲酒三者燕皆有射法此燕射以其事褻天子已下唯有五
十步侯而已無尊卑之別也

祭侯之禮以酒脯醢 謂司馬實爵而獻獲者于侯薦

脯醢折俎獲者執以祭侯○折之設反【疏】祭侯至脯醢○釋曰鄭云謂司馬[illegible]獲者于侯巳下皆依大射而言彼雖諸侯禮天子射亦然又此不辨大射賓射燕射則三等射皆同按大射司馬正洗散遂實爵獻服不服不侯西北三步北面拜受爵乃祭侯左右个及中

其辭曰惟若寧侯若猶女也寧安也謂先有功德其鬼有神○女音汝下文幷注同【疏】注若猶至有神○釋曰祭侯者祭先有功德之侯若射侯則射不寧侯有罪者也下文毋或一經是也舉有功以勸示又舉有罪以懲之故兩言之也

母或若女不寧侯不屬于王所故抗而射女或有也若如也屬猶朝會也抗舉也張也○毋音無

強飲強食詒女曾孫諸侯百福詒遺也曾孫諸侯謂女後世爲諸侯者○強其丈反下同詒羊之反又羊志反遺唯季反

廬人爲廬器戈柲六尺有六寸殳長尋有四尺車戟常酋矛常有四尺夷矛三尋柲猶柄也八尺曰尋

倍尋曰常酋夷長短名酋之言遒也酋近夷長矣○盧力吳反下同柲音祕殳音殊酋在由反遒在由反或子由反沈慈有反〔疏〕注柲猶至長矣○釋曰凡此經所云柄之長短皆通六等之數皆以四尺爲差而知之也云酋夷長短名酋近夷長矣按上注以酋夷爲發聲則無義例至此而言長短名爲義解之者鄭意雖是發聲夷爲長故開口引聲而言之酋爲短故合口促聲而言之也

凡兵無過三其身過三其身弗能用也而無已又以害人人長八尺與尋齊進退之度三尋用兵力之極也而無已不徒止耳〔疏〕注人長至止耳○釋曰此據極長者夷矛三尋而言云而無已又以害人者巳止也謂不徒止又以害人人自巳身也

故攻國之兵欲短守國之兵欲長攻國之人衆行地遠食飲飢且涉山林之阻是故兵欲短守國之人寡食飲飽行地不遠且不涉山林之阻是故

兵欲長言罷羸宜短兵壯健宜長兵○罷音皮羸劣皮反〔疏〕注言罷至長兵○釋曰按司馬法云弓矢圍殳矛守戈戟助此言攻國之兵欲短則弓矢是也守國之兵欲長則殳矛是也言戈戟助者攻國守國皆有戈戟以助弓矢殳矛以其戈戟長短處中故也凡兵句兵欲無彈刺兵欲無蜎是故句兵椑刺兵摶句兵戈戟屬刺兵矛屬故書彈或作但蜎或作絹鄭司農云但讀爲彈丸之彈彈謂掉也絹讀爲悁邑之悁悁謂橈也椑讀爲鼓鼙之鼙玄謂蜎亦掉也謂若井中蟲蜎之蜎齊人謂柯斧柄爲椑則椑隋圜也摶圜也○句劉俱具反沈音鉤下注同彈徒旦反注同刺七賜反注同蜎於全反又於兗反李又烏犬烏玄二反或巨兗反椑薄兮反注鼙同摶徒丸反掉徒弔反悁烏玄反橈乃教反下同蟲蜎巨兗反隋他果反圜音圓〔疏〕注句兵至圜也○釋曰以戈有胡孑其戟有援向外爲磬折人胡刃向下故皆得爲句兵也先鄭云絹讀爲悁邑之悁悁者猶如詩云中心悁悁是悁邑之意故以義讀之也椑讀爲鼓鼙之鼙者讀從樂記云鼓鼙之聲之鼙也玄謂蜎亦掉也者同是欲堅勁不欲柔軟者也謂若井中蟲蜎之蜎者俗讀之井中有蟲蜎蜎擾擾然也云椑隋圜者

謂側方而去楞是也**轂兵同強舉圍欲細細則校刺兵同強舉圍欲重重欲傳人傳人則密是故侵之**改句言轂容殳無刃同強上下同也舉謂手所操鄭司農云校讀爲絞而婉之絞重欲傳人謂矛柄之大者在人手中者侵之能敵也玄謂校疾也傳近也密審也正也人手操細以轂則疾操重以刺則正然則爲矜句兵堅者在後刺兵堅者在前○校古飽反李又侯巧反傳音附下及注同操七曹反絞古飽反矜巨巾反下同

[疏]注改句至在前○釋曰云改句言轂者上云句兵謂戈戟此經云轂是改句云轂以殳長丈二而無刃可以轂打人故云轂兵也云同強上下同也者謂本末及中央皆同堅勁故云同強也先鄭云校讀爲絞而婉之絞絞疾也者按昭元年號之會叔孫穆子見楚公子圍曰美矣君哉及退會子羽謂子皮曰叔孫絞而婉注云絞切也故讀從之取切疾之義也云然則爲矜句兵堅者在後者以句兵向後牽之故云堅者在後也云刺兵堅者在前者以向前推之故云堅者在前也言此者欲見句兵手執處欲得細細則手執之牢也刺兵執處欲得麤而勁則手穩也

凡爲殳五分其長以其

一爲之被而圍之參分其圍去一以爲晉圍五分其晉圍去一以爲首圍凡爲酋矛參分其長二在前一在後而圍之五分其圍去一以爲晉圍參分其晉圍去一以爲刺圍被把中也圍之

圍之也大小未聞凡矜八觚鄭司農云晉謂矛戟下銅鐏也刺謂矛刃胷也玄謂晉讀如王搢大圭之搢矜所捷也首殳上鐏也爲戈戟之矜所圍如殳夷矛如酋矛○被皮義反注同去起吕反下同晉如字又音箭把音霸鐏存悶反劉子悶反捷初洽反

［疏］注被把至酋矛○釋曰凡爲殳五分其長以其一爲之被而圍之者殳長丈二尺五分取一則得二尺四寸爲把處而圍之也參分其圍去一以爲晉圍者後鄭云晉謂矜所捷也則殳於手把處亦有銅鐏擬捷地豎之言參分其圍去一以爲晉圍又五分其晉圍去一以爲首圍者鄭云圍之大小未聞則二者皆未知麤細也云首圍謂在上頭上頭宜稍細之也矛去刺圍者謂柄入刃處也云凡矜八觚者以經二者近手皆云圍之明不圍者爲八觚也先

鄭云刺謂矛刃胷也者人胷當前故以前爲胷以其矛刃直前故名矛刃胷也玄謂晉讀如王搢大圭之搢者讀從典瑞云王搢大圭執鎮圭彼搢爲插此晉亦插故從之是以云矜所捷也云首殳上鐏也者殳下有銅鐏取其入地此殳首無亦以上頭爲首而稍細之以其似鐏故鄭云首殳上鐏也云爲戈戟之矜所圍如殳者以其上文云句兵欲云戟兵注云改句言戟容殳無刃此文即云殳以此互見言之足明戈戟之體與殳同也如夷矛與酋矛同者以其同是矛但長短爲異故知體亦同也

凡試廬事置而搖之以眡其蜎也灸諸牆以眡其橈之均也橫而搖之以眡其勁也

置猶樹也灸猶柱也以柱兩牆之間輓而內之本末勝負可知也○正於牆牆翜○置如字李直吏反灸音救尌也音樹柱知主反下同輓音挽翜所立反本又作澀又作𣳾同

疏 注置猶至牆翜○釋曰此經有三事置而搖之謂豎之於地上以手搖之以眡其蜎蜎然均否灸諸牆謂柱之兩牆觀其體之强弱均否橫而搖之謂橫置於膝上以一手執一頭搖之以眡其堅勁以否也

六建既備車不反覆謂之國工

六建五兵與人也反覆猶軒輖○覆芳服反注同輖音周

疏 注六建至人也○釋曰知六建五兵與人者以其從上而下廬人所造有柄者戈戟殳與酋矛夷矛五兵而已拔上車有六等除軫與人四兵此云六建建在車上明無軫自取人與五兵為六建可知也○

匠人建國 立王國若邦國者○

疏 注立王至國者○釋曰周禮據諸侯經既單言國鄭兼言邦國者以其下文有王及諸侯城制明此以王國為主其中兼諸侯邦國可知下文又有都城制則此此亦兼都城也○

水地以縣 於四角立植而縣以水望其高下高下既定乃為位而平地○

疏 注於四至平地○釋曰此經說欲置國城先當以水平地欲高下四方皆平乃始營造城郭也云於四角立植而縣者植即柱也於造城之處四角立四柱而縣謂於柱四畔縣繩以正柱柱正然後去柱遠以水平之法遥望柱高下定即知地之高下然後平高就下地乃平也乃後行下以景正四方之事

置槷以縣眂以景 故書槷或作弋杜子春云槷當為弋讀為杙玄謂槷古文臬假借字於所平之地中央樹八尺之臬以縣正之

眡之以其景將以正四方也爾雅曰在牆者謂之杙在地者謂之臬○槷魚列反注臬同弋以職反下杙同劉杙音予則○反〔疏〕置槷至以景○釋曰此經說既得平地乃於中營治須柱正欲須柱正當以繩縣而垂之於柱之四角四中以八繩縣之其繩皆附柱則其柱正矣然後眡柱之景故云眡以景也○注故書至之臬○釋曰玄謂槷古文臬假借字者今之槷從木執聲之省者也古之槷爲臬法字故尚書康誥云女陳時臬臬法字亦得爲槷柱之字故云假借字也云於其所平之地中央樹八尺之臬以縣正之者天文志云夏日至立八尺之表通卦驗亦云立八神樹八尺之表故知樹八尺之臬臬即表也必八尺者按考靈曜日從上向下八萬里故以八尺爲法也彼云八神此縣一也以於四角四中故須八神神即引也向下引而縣之故云神也云眡之以其景將以正四方也者即下云爲規識日出日入之景是也引爾雅在牆者謂之杙在地者謂之臬者證此臬是在地樹之者也○

爲規識日出之景與日入之景日出日入之景其端則東西正也又爲規以識之者爲其難審也自日出而畫其景端以至日入既則爲規測景兩端之内規之規之交乃審也度兩交之間

中屈之以指臬則南北正○爲其于僞反度待洛反〔疏〕注日出至北正○釋曰云日出日入之景其端則東西正也者謂於前平地之中央立表訖乃於日出之時晝記景之端於日入之時又晝記景以繩測景之兩端則東西正矣云又爲規以識之者爲其難審也者謂此經爲規識日出與日入之景者爲景兩端長短難審故爲規規景也云自日出而晝其景端以至日入者還是景之兩端耳云既則爲規測景兩端之內規之規交乃審也者謂於中臬以繩取景之兩端一帀則景之遠近定遠近定則東西乃審云度兩交之間中屈之以指臬則南北正者兩交間正謂兩景端之半度景兩間中屈之以指臬則南北正必中屈之者於夏日至中漏半於臬南向北所度之處於東西景端亦相當故須中屈之也

晝參諸日中之景夜考之極星以正朝夕日中之景最短者也極星謂北辰○朝如字○〔疏〕晝參至朝夕○釋曰前經已正東西南北恐其不審猶更以此二者以正南北言朝夕即東西也南北正則東西亦正故兼言東西也○注日中至北辰○釋曰日中景最短者也者大司徒云日至之景尺有五寸以其在上臨下故最短也云極星謂北辰者當夜半考之爾雅云北極謂之北辰辰時也天下取

正焉故謂之北辰極中也以居天之中故謂之北極也○

匠人營國方九里旁三門營謂丈尺其大小天子十二門通十二子

疏匠人至三門○釋曰按典命云上公九命國家宮室車旗衣服禮儀以九爲節侯伯子男已下皆依命數鄭云國家謂城方公之城蓋方九里侯伯七里子男五里并文王有聲詩箋差之天子當十二里此云九里者按下文有夏殷則此九里通異代也鄭異義駮或云周亦九里城則公七里侯伯五里子男三里不取典命等注由鄭兩解故義有異也疏備在典命也○注營謂至二子○釋曰云丈尺據高下而言云大小據遠近而說也云天子十二門通十二子者按孝經援神契云天子即政置三公九卿二十七大夫八十一元士愼文命下各十二子如是甲乙丙丁之屬十日爲母子丑寅卯等十二辰爲子故王城面各三門以通十二子也

國中九經九緯經涂九軌國中城内也經緯謂涂也經緯之涂皆容方九軌軌謂轍廣乘車六尺六寸旁加七寸凡八尺是謂轍廣九軌積七十二尺則此涂十二步也旁加七寸者輻内二寸半輻廣三寸半綆三分寸之二金轄之間三分寸之一○涂音塗綆方潁反

轄胡〔疏〕注國中至之一○釋曰言九經九緯者南北之道
瞎反爲經東西之道爲緯王城面有三門門有三涂男
子由右女子由左車從中央鄭云旁加七寸者輻內二寸半
者計轂在輻內九寸有餘今言輻內有二寸半者不加輿下
覆轂者也**左祖右社面朝後市**王宮所居也祖宗廟面猶鄉也王宮當中經之涂也
○鄉許亮反○〔疏〕注王宮至涂也○釋曰言王宮所居也者謂經
左右前後者據王宮所居處中而言之故云王
宮所居也云王宮當中經之涂也者按祭義注云周尚左桓
二年取郜大鼎納於大廟何休云質家右宗廟尚親親文家
左宗廟尚尊尊義與此合按劉向別錄云路寢在北堂之西
社稷宗廟在路寢之西又云左明堂辟雍右宗廟社稷皆不
與禮合鄭皆不從之矣○**市朝一夫**方各百步〔疏〕注方各百步○釋曰按司市市有三朝摠於一
市之上爲之若市摠一夫之地則爲大狹蓋市曹司次介
次所居之處與天子二朝皆居一夫之地各方百步也**夏**
后氏世室堂脩二七廣四脩一世室者宗廟也魯廟有世室牲有白
牡此用先王之禮脩南北之深也夏度以步令堂脩
十四步其廣益以四分脩之一則堂廣十七步半○〔疏〕注世

室至步半○釋曰鄭云此用先王之禮者世室用此經夏法白牡用殷法皆是用先王之禮也云夏度以步者下文云三四步明此二七是十四步也云令堂修十四步者言假令以此堂云二七約之知用步無正文故鄭以假令言之也知堂廣十七步半者以南北爲脩十四步四分之取十二步益三步爲十五步餘二步益半步爲二步半添前十五步是十七步半也○

五室三四步四三尺堂上爲五室象五行也三四步室方也四三尺以益廣也木室於東北火室於東南金室於西南水室於西北其方皆三步其廣益之以三尺土室於中央方四步其廣益之以四尺此五室居堂南北六丈東西七丈

〔疏〕注堂上至七丈○釋曰云五室象五行者以其宗廟制如明堂明堂之中有五天帝五人帝五人神之坐皆法五行故知五室象五行也東北之室言木東南之室言火西南之室言金西北之室言水五行先起東方故東北方之室言木其實東北之室兼水矣東南之室兼木矣西南之室兼火矣西北之室兼金矣以其中央大室有四堂四角之室皆有堂故知義然也中央之室大一尺者以其在中號爲大室故多一尺也云此五室居堂南北六丈東西七丈者以其大室居中四角之室皆於大室外接四角爲之大室四步四角室各三步則南北

三室十步故六丈東西三室六丈外加四三尺又一丈故七丈也○**九階**南面三三面各二○〔疏〕注南面三三面各二○釋曰按賈馬諸家皆以爲九等階鄭不從者以周殷差之夏后氏宮室故一尺之堂爲九等階於義不可故爲旁九階也鄭知南面三階者見明堂位云三公中階之前北面東上諸侯之位阼階之東西面北上諸伯之國西階之西東面北上故知南面三階也知餘三面各二者大射禮云工人士與梓人升自北階又雜記云夫人至入自闈門升自側階奔喪云婦人奔喪升自東階以此而言四面有階可知○**四旁兩夾窻**窻助戶爲明每室四戶八窻○夾古洽反劉古協反窻初江反一音怱○〔疏〕注窻助至八窻○釋曰言四旁者五室室有四戶四戶之旁皆有兩夾窻則五室二十戶四十窻也**白盛**蜃灰也盛之言成也以蜃灰堊牆所以飾成宮室○蜃常軫反堊烏路反又烏洛反〔疏〕注蜃灰至宮室○釋曰地官掌蜃堂供白盛之蜃則此蜃灰出自掌蜃也云以蜃灰堊牆者爾雅云地謂之黝牆謂之堊堊即白蜃堊之使壁白也**門堂三之二**門堂門側之堂取數於正堂令堂如上制則門堂南北九步二尺東西十一步四尺爾雅曰門側之堂謂之塾○塾音孰劉又音育〔疏〕

注門堂至之塾○釋曰鄭云令堂如上制者以上堂不言步故此此注亦云令假令如上制南北十四步東西十七步半今云三之二謂三分取二分以十四步取十二步三分之得八步二步爲丈二尺三分之得八尺以六尺爲一步添前爲九步餘二尺故云南北九步二尺也云東西十一步四尺者十七步半以十五步得十步餘二步半爲丈五尺三分之得一丈以六尺爲一步餘四尺添前爲十一步四尺也引爾雅門側之堂謂之塾者證此經門堂爲塾之義也尙書顧命左塾右塾亦此類也

室三之一兩室與門各居一分〔疏〕注兩室至一分○釋曰此室即在門堂之上作之也言各居一分者謂兩室與門各居一分鄭不言尺數義可知故略而不言也○

殷人重屋堂脩七尋堂崇三尺四阿重屋重屋者王宮正堂若大寢也其脩七尋五丈六尺放夏周則其廣九尋七丈二尺也五室各二尋崇高也四阿若今四柱屋重屋複笮也○重直龍反下及注同放方往反複音福笮側白反〔疏〕注重屋至笮也○釋曰云王宮正堂若大寢也者謂對燕寢側室非正故以此爲正堂大寢也言放夏周者夏在殷前可得言放其周在殷後亦言放者此非謂殷人放周而爲之鄭直據上文夏法下文周

法言放猶言約夏周者也雖言放夏周經云堂脩七尋則其廣九尋若周言南北七筵則東西九筵是偏放周法而言放夏者七九偏據周夏后氏南北狹東西長亦是放之故得兼言放夏也云四阿若今四柱屋者燕禮云設洗當東霤則此四阿四霤者也云重屋複笮也者若明堂位云復廟重檐屋鄭注云重檐重承壁材也則此復笮亦重承壁材故謂之重屋

周人明堂度九尺之筵東西九筵南北七筵堂崇一筵五室凡室二筵明堂者明政教之堂周度以筵亦王者相改周堂高九尺殷三尺則夏一尺矣相參之數禹卑宮室謂此一尺之堂與此三者或舉宗廟或舉王寢或舉明堂互言之以明其同制○度九劉直路反咸待洛反下及注同禹卑如字劉音婢與音餘○疏釋曰此記人據周作說故其文備於周而略於夏殷是以下文皆據周而說也以夏之世室其室皆東西廣於南北也周亦五室直言凡室二筵不言東西廣鄭亦不言東西益廣或五室皆方二筵與夏異制也若然殷人重屋亦直云堂脩七尋不言室如鄭意以夏周皆有五室十二堂明殷亦五室十二堂云明堂者明政教之堂者以其於中聽朔故以政教言之明堂者明諸侯

之尊卑孝經緯援神契云得陽氣明朗謂之明堂以明堂義大故所合理廣也云周度以筵亦王者相改者對夏度以步殷度以尋是王者相改也云周堂高九尺殷三尺則夏一尺矣者夏無文以後代文而漸高則夏當一尺故云相參之數禹卑宮室謂此一尺之堂與言與者以無正文故言與以疑之也云此三者或舉宗廟或舉王寢或舉明堂互言之以明其同制者互言之者夏舉宗廟則王寢明堂亦與宗廟同制也殷舉王寢則宗廟明堂亦與王寢同制也周舉明堂則宗廟王寢亦與明堂制同也云其同制者謂當代三者其制同非謂三代制同也若然周人殯於西階之上王寢與明堂同則南北七筵惟有六十三尺三室居六筵南北共有一筵一面惟有四尺半何得容殯者按書傳云周人路寢南北七雉東西九雉室居二雉則三室之外南北各有半雉雉長三丈則各有一丈五尺足容殯矣若然云同制者直制法同無妨大矣據周而言則夏殷王寢亦制同而大可知也○

室中度以几堂上度以筵宮中度以尋野度以步涂度以軌

周文者各因物宜爲之數室中舉謂四壁之內

〈疏〉注周文至之內○釋曰云周文者各因物宜爲之數者對殷已上質夏度以步殷度

以尋無異稱也因物宜者謂室中坐時馮几堂上行禮用筵宮中合院之內無几無筵故用手之尋也在野論里數皆以步故用步涂有三道車從中央故用車之軌是因物所宜也云室中舉謂四壁之內者對宮中是合院之內依爾宮猶室室猶宮者是散文宮室通也。**廟門容大扃七个**大扃牛鼎之扃長三尺每扃爲一个七个二丈一尺。扃古熒反个古賀反注及下同。〔疏〕注大扃至一尺。釋曰知大扃牛鼎之扃長三尺者此約漢禮器制度。**闈門容小扃參个**廟中之門曰闈小扃膷鼎之扃長二尺參个六尺。闈音韋劉音䵻膷音香。〔疏〕注廟中至六尺。釋曰云廟中之門曰闈門者爾雅文此即雜記云夫人至入自闈門是也云小扃膷鼎之扃長二尺者亦漢禮器制度知之膷鼎亦牛鼎但上牛鼎扃長三尺據正鼎而言此言膷鼎據陪鼎三膷膷臐膮而說也。**路門不容乘車之五个**路門者大寢之門乘車廣六尺六寸五个三丈三尺言不容者是兩門乃容之兩門乃容之則此門半之丈六尺五寸。〔疏〕注路門至五寸。釋曰下云應門則此路門以近路寢故特小爲之經言乘車據輿廣六尺六寸者按輿人云輪崇車廣衡長參如一鄭注云車輿也故知此云車亦據輿也云言不容者是兩門乃容之者若容兩个三个四个正應云容乘車之兩个三个四个若四个上復有餘分應云四个然後見其分數多少今直云不容乘車之五个明兩門乃容之猶如上文云中地食者其民可任者二家五人之類也

應門二徹參个正門謂之應門謂朝門也二徹之內八尺三个二丈四尺

疏注正門至四尺○釋曰云正門謂之應門者爾雅文以其應門內路門外有正朝臣入應門至朝處君臣正治之所故謂此門爲應門是以鄭云謂朝門也○

內有九室九嬪居之外有九室九卿朝焉內路寢之裏也外路門之表也九室如今朝堂諸曹治事處九嬪掌婦學之法以教九御六卿三孤爲九卿○

疏注內路至九卿○釋曰內外據路寢之表裏言之則九卿之九室在門外正朝之左右爲之故鄭據漢法朝堂諸曹治事處謂正朝之左右爲廬舍者也云九嬪掌婦學之法以教九御者九嬪職文按內宰王有六宮九嬪已下分居之若然不得復分居九室矣此九嬪之九室與九卿九室相對而言之九卿九室是治事之處則九嬪九室亦是治事之處故與六宮不同是以鄭引九嬪職掌婦學之法則九室是教九御之所也云六卿三孤

為九卿孤同卿數者以命數同故也按昬義以夏之九卿謂三孤與六卿為九此云九卿亦謂周之三孤六卿為九卿○

九分其國以為九分九卿治之九分其國分國之職也三孤佐三公論道六卿治六官之屬○〔疏〕注九分至之屬○釋曰云九分其國分國之職也者鄭恐九分其國分其地域故云分國之職也云三孤佐三公論道六卿治六官之屬者欲見分職為九分之意以其三公三孤無正職天地四時正職六卿治之其餘非正職者分為三分三公治之三孤則佐三公者也但三公中參六官之事外與六鄉之教書傳又云司徒公司馬公司空公則三公六卿亦有職此亦據夏而言周則未見分為九分也

王宮門阿之制五雉宮隅之制七雉城隅之制九雉阿棟也宮隅城隅謂角浮思也雉長三丈高一丈度高以高度廣以廣○浮思並如字本或作罘罳同高一古報反後放此度待洛反下同○〔疏〕注阿棟至以廣○釋曰云王宮門阿之制五雉者五雉謂高五丈云宮隅之制七雉者七雉亦謂高七丈不言宮牆宮牆亦高五丈也云城隅之制九雉者九雉亦謂高九丈不言城身城身宜七丈云阿棟也者謂門之屋兩下為之

其脊高五丈鄭以浮思解隅者按漢時云東闕浮思災言災則浮思者小樓也按明堂位云疏屏注亦云今浮思也刻之爲雲氣蟲獸如今闕上爲之矣則門屏有屋覆之與城隅及闕皆有浮思刻畫爲雲氣并蟲獸者也云雉長三丈高一丈度高以高度廣以廣者凡版廣二尺公羊云五版爲堵高一丈五堵爲雉書傳云雉長三丈度高以高度長以長廣則長一也言高一雉則一丈言長一雉則三丈引之者證經五雉七雉九雉雉皆爲丈之義

經涂九軌環涂七軌野涂五軌廣狹之差也故書環或作轘杜子春云當爲環環涂謂環城之道○環如字劉戶串反轘戶關反○〔疏〕注廣狹至之道○釋曰環涂謂遶城道如環然故謂之環也野涂國外謂之野通至二百里內以其下有都之涂三軌言都則三百里大夫家涂亦三軌也故知此野通二百里內也不言緯者以與經同也

門阿之制以爲都城之制都四百里外距五百里王子弟所封其城隅高五丈宮隅門阿皆三丈○〔疏〕注都四至三丈○釋曰鄭云都四百里外距五百里王子弟所封者則推據大都而言不通小都卿之采地以司裘諸侯共熊侯豹侯卿大夫共麋侯則卿不入諸侯中此云都按諸侯而言故不及小都也

大都諸侯兼三公直云王子。其言略兼有三公可知云城隅高五丈者以上文王門阿五雉今云門阿之制爲都城制城制五雉若據城身則與下諸侯同故知此城制據城隅也云宮隅門阿皆三丈者以下文畿外諸侯尊得申爲臺門高五丈此畿内屈故宮隅門阿皆三丈也。**宮隅之制以爲諸侯之城制**諸侯畿以外也其城隅制高七丈宮隅門阿皆五丈禮器曰天子諸侯臺門

（疏）注諸侯至臺門○釋曰鄭知諸侯畿以外者上文都據畿内諸侯故知此諸侯據畿以外也引禮器者欲見諸侯門阿得與天子同之意也按異義古周禮說云天子城高七雉隅高九雉公之城高五雉隅高七雉侯伯之城高五雉隅高五雉都城之高皆如子男之城高隱元年服注云與古周禮說同其天子及公此與城匠人同其侯伯以下與此匠人說異者此匠人云門阿之制以爲都城之制高五雉亦謂城隅也其城高三雉與侯伯等如是子男豈不如都乎明子男城亦與伯等是以周禮說不云子男及都城之高直云都城之高皆如子男之城高有此匠人相參以知子男皆爲本耳亦互相曉明子男之城不止高一丈隅二丈而已如是王宮隅之制以爲諸侯城制者惟謂上公耳以此計之王城隅高九雉城高七雉上公之城隅高七雉城高

五雉侯伯已下城隅高五雉城高三雉天子門阿五雉則宮亦五雉其隅七雉上公之制鄭云宮隅門阿皆五雉則其宮亦五雉都之制鄭云宮隅門阿皆三雉則其宮高亦三雉何者天子門阿與宮等明知其餘皆等惟伯子男宮與都等其門阿蓋高於宮當如天子五雉何者禮器云天子諸侯臺門大夫不臺門以此觀之天子及五等諸侯其門阿皆五雉可知都城據大都而言其小都及家之城都當約中五之一家當小九之一爲差降之數未聞也

環涂以爲諸侯經涂野涂以爲都經涂

經亦謂城中道諸侯環涂五軌其野涂及都環涂野涂皆三軌

疏注經亦至三軌○釋曰諸侯直云經涂不言緯涂緯涂亦與天子環涂同可知諸侯及都皆不言環涂野涂文略有可知故鄭增成之也知諸侯環涂五軌野涂三軌者以經涂七軌以下差降爲之故知義然也又知都環涂野涂皆三軌者此涂皆男子由右女由左車從中央三者各一軌則都之野涂不得降爲一軌是以遂人注云路容三軌遂釋此也云都之野涂與環涂同以其野涂不得上於田間川上之路故也

附釋音周禮注疏卷第四十一

周禮注疏卷四十一挍勘記　阮元撰盧宣旬摘錄

附釋音周禮注疏卷第四十一

冬官考工記下

玉人

天子執冒　說文瑁諸侯執圭朝天子天子執玉以冒之似犂冠周禮曰天子執瑁四寸从玉冒冒亦聲古文省作珇然則周禮冒字本從玉作瑁

侯用瓚伯用將　釋文將如字劉音陽說文瓚三玉二石也从玉贊聲禮天子用全純玉也上公用駹四玉一石侯用瓚伯用埒玉石半相埒也許氏讀龍爲駹與司農同疑今本埒作將有誤埒亦有雜義故鄭云皆襍名也

瓚讀爲餐餍之餍龍瓚將　葉鈔釋文讀餐之然反疏云瓚讀餐餍之餍者皆無爲字今本有爲衍文龍當作尨司農云龍當爲尨尨謂雜色可證

石方寸重六兩 監本寸誤十六誤大

不可強記也 浦鏜云記當說字訛

杼上終葵首 說文玉部珽字下作抒上終葵首○按今說文从手乃从木之誤耳韻書杼从木直呂切抒从手神與切字有定音釋文於此曰直呂反則其字必從木也

杼䌹也 釋文䌹也色界反殺字之異者本或作殺下取殺殺文同按周禮經作䌹注當用殺字下文注中取殺殺文皆不作䌹也今此諸本皆作䌹蓋淺人援釋文本改之○按䌹字說見下弓人

於中瀰宇夏至日表北尺五寸景 閩監毛本北誤此浦鏜云景誤中

凡圭玉上寸半 作玉誤岳本玉作琰是也下玉半以上及大璋中璋節牙璋中璋節注同

鼻寸衡四寸 余本同唐石經諸本鼻作鼻嘉靖本注中鼻鼻錯見監本四誤西

下有盤徑一尺 浦鏜云盤下脫冂

則大祝用事焉　閩本同監毛本祝誤祀

執以覜聘用圭璋　浦鏜云當疊聘字

量自是升斛之名　閩本同監毛本升作斗

邸謂之柢　釋文柢音帝劉作榁戶古反按邸謂之柢爾雅釋器文劉本作榁字形之訛

若天地自用黃琮　浦鏜云大誤天

尺相對爲倨也　惠按本尺作足此誤

云棗栗十有二列　閩監毛本依經改棗㮚非疏用栗字下竝同

磬氏

按樂云磬前長三律　浦鏜云三禮圖作樂經云黃鍾磬前長三律

直取從此已下爲易計　閩本同監毛本已改以

已下則摩其耑唐石經諸本同釋文耑本或作端按經當用耑字○按依説文則耑爲肇耑字端爲端正字

矢人

司弓矢職茀當爲殺漢讀考云當字衍文下殺矢七分注同

謂箭稾中鐵莖余本嘉靖本閩監本同釋文亦作稾中毛本作槀○按从禾者是

明墉厚量得訂而言之惠挍本無而此衍

此上既言鏃矢閩本同監毛本鏃誤鏃

故破此茀爲殺也先鄭云惠挍本同此本先誤矢閩監毛本遂作矢移於也上誤甚今訂正

數不當應閩監毛本作相應

頃若少疾 盧文弨曰若疑苦之訛非也

殺矢七分 諸本同唐石經缺釋文殺作鍘云依注爲蕱按經當作鍘此因注云殺爲蕱遂改殺也○按作殺自可不必畫一

參分其長而殺其一 唐石經余本嘉靖本同閩監毛本殺作鍘蓋據釋文本所改按古經當皆用鍘字今本多易爲殺矣釋文云而鍘本又作殺注下皆同可證石經考文提要云矢人一官殺矢豐殺鴻殺俱不作鍘宋本九經宋纂圖互注本宋附釋音本皆作殺

按㯰人注 惠挍本作㯰人○按从禾是也

以其笴厚爲之羽深 唐石經諸本同誤也漢讀考笴作笱注及下凡相笴同云矢幹曰槀曲竹捕魚曰笱蕭豪尤侯合音最近故易字而云笱者古文假借字若如今經作笱本訓矢幹何必易爲槀云古文假借乎

故書憚或作但 釋文音經能憚音但都達反注同此本注中故書作怛也今本怛皆作但訛當據釋

文訂正禮說作古書憚或作怛云莊子大宗師篇子來將死妻子環泣子犁往問之曰叱避無怛化言死猶化勿驚怛之音義引考工記注爲證廣雅怛憚皆訓驚按莊子釋文亦怛丁達反怛驚也鄭衆注周禮考工記不能驚怛是也據此知司農從故書作怛○按通俗文旁驚曰憚或借憯怛字爲之同音假借耳惠棟禮說不誤若欲因此而改釋文之或作但作或作但則大謬釋文但字不誤三爲反語皆爲憚字作音憚之音可去可入可平故或云都達或云直旦或云直丹也鄭司農所云憚之以威者左傳昭十三年文賈疏不詳故補說之

翔迴顧也 浦鏜云迴顧當從集注本作迴旋按集注妄改古注而浦鏜反信之迴顧謂矢行例回若云迴旋則是矢行盤屈成圜恐無是也

今人以指夾矢擲衛是也 閩本同余本嘉靖本監毛本擲作儛

橈擲其幹 余本嘉靖本同閩監毛本擲作木旁誤釋文擲其女角反亦從手○按說文手部搦按也

欲生而摶 唐石經余本嘉靖本閩本同監毛本摶誤搏注疏及下同

生謂無瑕蠹也　余本嘉靖本同閩監毛本蠹作蠧非疏同

陶人

甗無底甑　監本甗誤獻余本底誤底

豰讀爲斛豰受三斗　漢讀考云讀爲斛當本是或爲斛司農因正之云豰受三豆旊人之文也明禮有斛謂十斗曰斛也此分別豰斛之解正經豰或爲斛之誤轉寫或誤讀豆字誤斗字

旊人○按旊从瓦方聲　余本嘉靖本監本同唐石經閩毛本旊誤旐釋文作㼉

以天地之性　補各本以下有象字此脫

髻墾薜暴不入市　余本嘉靖本閩本同唐石經監毛本作髺墾薜暴此本薜誤薛今訂正葉鈔釋文作髻狠薜暴暴即曓之譌漢讀考云集韻四覺引周禮髻狠薜暴據釋文也說文本無墾字豕部曰狠齧也凡齧物必用力頓傷

䪥讀爲藥黃蘗之蘗監本作黃蘗之蘗當據正此及諸本皆誤疏同漢讀考作讀如○按當依說文作檗黃木也俗字加艸頭

膞讀如車輇之輇監本膞誤膊

𢾁膞其側釋文𢾁本又作樹○按說文𢾁立也與樹異義

以儗度端其器也余本嘉靖本閩本同監毛本儗改擬閩本疏同按釋文作儗度○按依說文則擬度字从手僭儗字从人

梓人爲筍虡度石經諸本同釋文爲簨本又作筍

筍讀爲竹筍之筍漢讀考作讀如

謂虎豹貔螭余本嘉靖本同閩監毛本螭改𧳋按釋文亦作螭

鱗龍蛇之屬又誤蚰余本嘉靖本閩本同監毛本蛇作虵下同此

郤行唐石經余本嘉靖本同閩監毛本郤誤郤注及疏同

以胷鳴者唐石經余本嘉靖本同閩監毛本胷誤胷注中毛本作胷閩監本作脣釋文胷鳴本亦作骨又作胄干本作骨賈馬作胃劉本作胷音鹵經義雜記曰說文蠵大龜也以胃鳴者爾雅釋文引字林云蠵大龜以胃鳴本說文也許叔重學於賈景伯故從賈說作胃沈重云作胷爲得賈疏云不如作胷皆據鄭本也

或爲笱虡訖惠挍本訖作設此誤今正

蟦行入耳閩監本同毛本依今本爾雅改蟦衕非釋文引爾雅亦作衕從虫者俗字

云仄行蠏屬者閩監毛本蠏改蟹非○按說文作蟹

以其側行故也惠挍本側作仄

謂之蠃屬監本蠃誤羸

爠讀爲哨禮說云馬融廣成頌曰鷙鳥毅蟲倨牙黔口大匈哨後康成讀從之本其師說也

頎小也 余本閩監毛本同嘉靖本頎作頃按釋文作頃小 云音傾字一音懇則今本作頎非釋曰云燿讀爲哨頎小也者哨與頎皆是少小之義故云哨頎小也則頃小也上當脫一哨字此脫賈疏本葢作頎○按頃是頎非也頃同傾言傾側而小也作頎則無義李音懇是李本作頎也頃不得音懇

宏讀爲紘綖之紘 此讀爲疑當作讀如然禮記月令注亦 云閎讀爲紘詳漢讀攷

故書頎或作牼 說文頎頭鬢少髮也从頁肩聲周禮數目 顧脰按許君所據經字與鄭君同義則與司農合

牼讀爲爲鬜頭 補各本爲字不重

云頎長脰貌者 閩監毛本脫云閩本後擠補監本頎誤 顧

先鄭云讀爲鬜頭無髮之鬜者 閩本先上衍○監毛本 作牼

時俗有以無髮爲鬜 惠按本作時丗○按說文鬜鬝禿 也賈何不引之

凡攫網援簭之類唐石經余本嘉靖本同余本載音義攫作獲葉鈔釋文閩毛本簭作箬監本作箬皆譌

必深其爪監毛本爪誤瓜疏同

此說鍾虡云之獸浦鏜云云當衍字

劉元以爲於義無所取惠挍本元作炫

當爲頰鍰音壺讀之閩本同音壺亦小字分注監毛本改大字雜入疏語中非毛本壺作壺誤

釋文頌劉音古本反○按釋文所引劉昌宗古本反古當是苦之譌

以似爲發諸本同按以此注改字例言之應云似當爲發此因賈疏有先鄭以似爲發之言而據以易注誤甚以者賈疏目先鄭言之也若謂司農自言以非辭矣○按此語自後鄭目先鄭言之也

先鄭云以似爲發者惠挍本同誤也閩監本云字空缺知其誤衍而刊落之也至毛本則

直作先鄭以似爲發

以似非直買按直爲眞之誤

則必穨爾如委矣苟穨爾如委余本閩監本同釋文穨爾葉鈔本作頹爾唐石經兩穨字皆先作頹後改穨嘉靖本監本上作穨下作頹統言之則此經穨本作頹矣○按穨者正頹者俗字

其匪色必似不鳴矣唐石經諸本同漢讀考云云似鳴形容未盡故改發鳴此節本云其匪色必不似鳴今本似不鳴誤

梓人爲飲器

勺尊升也漢讀考作尊斗也云斗與枓同說文枓勺也今本作尊升誤魏晉人書斗字多作升故易訛

觶字角旁友經義雜記作角旁支云舊訛友今改正字林觶音支本此漢讀考作角旁辰云作友蓋誤角旁辰字見說文

寡聞觚　閩監本同毛本觚作觗經義雜記作觚云舊訛觚依燕禮疏改正

豆當爲斗　經義雜記云儀禮燕禮疏引此經又曰鄭引南郡太守馬季長云觚當爲觶豆當爲斗此脫觚當爲觶四字○按此不脫各順其文理也

梓人爲侯

鄉射記文鄉侯五十弓　浦鏜云文當云字訛

亦與飾侯用皮同也　惠挍本閩本同監毛本飾誤作

賓射射之所掌是也　浦鏜云人誤之

讀若齊人擠幹之幹　閩監本擠誤懠

上个七丈二尺　毛本二誤三疏中監本亦誤

是幹爲擠骨　閩本同監毛本擠作脅是也

縜寸焉　唐石經諸本同釋文縜于貧反或尤紛反劉侯犬反一音古犬反經義雜記曰于貧尤紛兩反皆負聲字作縜侯犬古犬兩反皆肙聲字作絹儀禮鄉射禮乃張侯下綱不及地武疏引此文作絹寸焉然說文云縜持綱紐也从糸員聲周禮曰縜寸則綱紐字員聲爲正絹爲縜加麥稍義別劉昌宗音侯犬反儀禮疏作絹非也

綱所以繫侯於植者也上下皆出舌一尋者　監本綱誤繩尋誤事

植則在兩旁邪豎之也　毛本豎誤竪俗字

下个半上个　閩本同監毛本下个誤箇

若與羣臣閒暇飲酒而射　余本岳本閩本同嘉靖本監毛本無閒暇二字按賈疏引注亦無此二字又云若與羣臣飲酒者君臣閒暇無事而飲酒則閒暇二字係疏語誤入鄭注本無嘉靖本是也

毋或若女不寧侯不屬于王所故抗而射女　說文矢部矦字下偁其祝曰毋若不寧侯不朝于王所故伉而射汝按此注云或有也屬猶朝會也許氏蓋以義引之非經本文大戴記投壺作嗟爾不

寧侯不朝於王所故亢而射女

詒女曾孫諸侯百福　唐石經諸本同釋文詒女曾孫葉鈔本後世爲諸侯者是經本有女字蓋誤脫也注云曾孫諸侯謂女女此二女目不寧侯也惟若寧侯詒女曾孫諸侯此二女目寧侯也注云若猶女也經意雖各有屬固無妨同言女矣

廬人

皆約上文車有六等之數　監本車誤章

句兵欲無彈　唐石經諸本同說文僤疾也从人單聲周禮曰句兵欲無僤蓋故書作但今書作僤皆從人旁因鄭司農讀僤爲彈彈丸之彈淺人遂援以改經矣當據說文正之

句兵椑　監本椑誤裨

椑讀爲鼓鼙之鼙　漢讀考云當作讀如

謂若井中蟲蜎之蜎　漢讀考作謂若井中蟲蜎蜎云各本衍一之字按賈疏云井中有蟲蜎蜎擾擾然也蓋賈本注作蟲蜎蜎今疏引注語亦有之字

齊人謂柯斧柄爲椑　漢讀考作齊人謂柯爲椑云今本衍斧柄二字蓋或箋於旁因誤入也

以戈有胡子　子爲孑之訛

向外爲磬折人胡　浦鏜云人當入字誤

校讀爲絞而婉之絞　賈疏引先鄭注此下有絞疾也三字云讀從之取切疾之義疾也蓋切也之誤

讀如王搢大圭之搢　漢讀考搢皆作晉

矛去刺圍者　閩本同誤也當從監毛本去作云

灸諸牆　唐石經余本嘉靖本毛本同監本灸誤炙注同釋文灸諸音救按說文久从後灸之象人兩脛後有距也

周禮曰久諸牆以觀其橈然則故書本作久字今本作灸蓋從漢儒傳讀之本耳九經古義云既夕木桁久之注云久當爲灸士喪禮冪用疏布久之注云久讀爲灸是久爲古文灸也

置槷樹也　嘉靖本樹作尌釋文尌也音樹

匠人建國

置槷以縣　閩監本同誤也唐石經余本嘉靖本毛本槷皆作槷當據正注及疏同釋文置槷魚列反注臬同

從木執聲之省者也　閩監本同毛本執誤埶

其端則東西正也　岳本則作在

規之交乃審也　此本及閩本疏中引注作規交乃審也之字蓋涉上衍

兩端一帀　監本帀誤巾

於夏日至中漏半　浦鏜云晝譌中

日中景最短者也者當作云日中之景最短者也者脫二字

匠人營國

是謂轍廣閩監毛本同誤也余本嘉靖本謂作爲當據正○按說文無轍當作徹

左明堂辟雍閩監毛本雍改廱非

與天子二朝浦鏜云三誤二

堂脩二七唐石經余本嘉靖本閩本同監毛本脩改修下及注疏同

知用步無正文此本無字實缺閩監毛本作非誤今據惠挍宋本補正

堂上爲五室監本堂誤堂不成字

三四步室方也浦鏜云集注本方作深是也下方四步亦作深○按集注誤也下文云其方皆三步承此而言

四角之室皆有堂　惠挍本閩本同監毛本堂誤室

夏后氏宮室　閩本同監毛本后氏作人甲

四旁兩夾窻　唐石經余本嘉靖本同閩監毛本窻改䆫注及疏同按釋文亦作窻

若今四柱屋　閩監毛本同誤也余本宋本嘉靖本杜作注此本疏中亦作四注當據正按漢制考載此作注又引上林賦高廊四注證之

重屋複笮也　余本嘉靖本毛本同釋文亦作複笮此本疏中作復笮閩監本及漢制考同按復古複字賈疏本葢作復

云重屋復笮也者　閩本同監毛本復改複下則此復笮同

重檐重承壁材也　閩本同監毛本壁誤璧下同

故所合理廣也　盧文弨曰合疑台之誤

廟門容大扃七个　說文鼎部云鼏以木橫貫鼎耳而舉之从鼎冂聲周禮廟門容大鼏七箇即易玉鉉大吉也又金部云鉉舉鼎具也易謂之鉉禮謂之鼏與鼎部說同禮謂周禮也儀禮士冠禮士昏禮設扃鼏注皆云今文扃爲鉉是古文作扃今文作鉉也周禮當亦故書作扃借用戶扃字漢儒讀作鼏爲正字鄭君於二禮皆用古文故與許不同

廟中之門曰闈　通考闈下有門賈疏引注云廟中之門曰闈門者今本脫下門字當據補○按爾雅曰宮中之門謂之闈

謂角浮思也　釋文浮思並如字本或作罘罳同

鄭以浮思解隅者　惠按本閩本同監毛本解改釋

直云王子其言略　浦鏜云王子下當脫弟

周禮注疏卷四十一校勘記終

南昌袁泰開校

附釋音周禮注疏卷第四十二

鄭氏注　賈公彥疏

匠人爲溝洫主通利田間之水道。洫況域反【疏】注主通至水道。釋曰古者人耕皆畎上種穀畎遂溝洫之間通水故知通利田間水道此文與下爲目下別爲之耳耜廣五寸二耜爲耦一耦之伐廣尺深尺謂之甽田首倍之廣二尺深二尺謂之遂古者耜一金兩人併發之其壟中曰甽甽上曰伐伐之言發也甽畎也今之耜岐頭兩金象古之耦也用一夫之所佃百畝方百步地遂者夫間小溝遂上亦有徑。甽古大反隧音遂本又作遂併步頂反畎古犬反與甽同古今字也劉古善反佃音田又音電【疏】耜廣至之遂。釋曰云耜爲耒頭金金廣五寸耒面謂之庛庛亦當廣五寸云二耜爲耦者二人各執一耜若長沮桀溺耦而耕此兩人耕爲耦共一尺一尺深者謂之畎畎上高土謂之伐伐發也以發土於上故名伐也此二人雖共發一尺之地未必並發知者孔子使子路問津於長沮長沮不對又問桀溺若並頭共發不應別問桀溺明前後不並可知雖有前後共畎自得一尺不假要並也○注古者至有徑○釋曰鄭云古者耜一金者對後代耜岐頭二金者云兩人併發之者謂共爲一畎謂二人並頭也云今之耜岐頭者至後漢用牛耕種故有岐頭兩脚耜今之猶然也但以牛種用二耜則畎下布種與古異也云田一夫之所佃百畝方百步地者遂人云夫一廛田百畝彼雖爲溝洫法一夫則與此同也云遂者夫間小溝遂上亦有徑者按遂人云夫間有遂遂上有徑彼溝洫法此井田法雖不同遂在夫間遂上有徑則同故云亦有徑也按彼鄭云以南畝圖之遂縱溝橫洫縱澮橫九澮而川周其外以彼遂在夫間故以南畝遂則縱矣此井田云田首倍之爲遂以南畝閒之遂則橫也

九夫爲井井間廣四尺深四尺謂之溝方十里爲成成間廣八尺深八尺謂之洫方百里爲同同間廣二尋深二仞謂之澮

此畿內采地之制九夫爲井井者方一里九夫所治之田也采地制井田異於鄉遂及公邑三夫爲屋屋具也一井之中三屋九夫

三三相具以出賦稅共治溝也方十里爲成成中容一甸甸方八里出田稅緣邊一里治洫方百里爲同同中容四都六十四成方八十里出田稅緣邊十里治澮采地者在三百里四百里五百里之中載師職曰園廛二十而一近郊什一遠郊二十而三甸稍縣都皆無過十二謂田稅也皆就夫稅之輕近重遠耳滕文公問爲國於孟子孟子曰夏后氏五十而貢殷人七十而助周人百畝而徹其實皆什一徹者徹也助者藉也龍子曰治地莫善於助莫不善於貢貢者校數歲之中以爲常文公又問井田孟子曰請野九一而助國中什一使自賦卿以下必有圭田圭田五十畝餘夫二十五畝死徙無出鄉鄉田同井出入相友守望相助疾病相扶持則百姓親睦方里而井井九百畝其中爲公田八家皆私百畝同養公田公事畢然後治私事所以別野人也又曰詩云雨我公田遂及我私惟助爲有公田由此觀之雖周亦助也魯哀公問於有若曰年饑用不足如之何有若對曰盍徹與曰二吾猶不足如之何其徹也春秋宣十五年秋初稅畝傳曰非禮也穀出不過藉以豐財也此數者世人謂之錯而疑焉以載師職及司馬法論之周制畿內用夏之貢法稅夫無公田以詩春秋論語孟子論之周制邦國用殷之助法制公田不稅夫貢者自治其所受田貢其稅穀助者借民之力以治公田

又使收斂焉畿內用貢法者鄉遂及公邑之吏旦夕從民事爲其促之以公使不得恤其私邦國用莇法者諸侯專一國之政爲其貪暴稅民無藝。周之畿內稅有輕重諸侯謂之徹者通其率以什一爲正孟子云野九夫而稅一國中什一是邦國亦異外內之法耳圭之言珪絜也周謂之士田鄭司農説以春秋傳曰有田一成又曰列國一同。仞音刃澮古外反塵直連反莇音助扱音教數色主反下此數者同別彼列反雨于付反徹與音餘爲其于僞反下爲其爲此同藝音藝卒音律又音類下同

疏九夫至之澮○釋曰井田之法畎縱遂橫溝縱洫橫澮縱自然川橫其夫間縱者分夫間之界耳無遂其遂注溝溝注入洫洫注入澮澮注自然入川此圖略舉一成於一角以三隅反之一同可見矣遂人云夫間有遂以南畝圖之則遂縱而溝橫此不云夫間有遂云田首倍之謂之遂遂則橫而溝縱也自餘洫澮川依此遂溝縱橫參之可知但彼云九澮而川周其外川則人造之此百里有澮澮水注入川相去遠故宜爲自然川也自畎遂溝洫皆廣深等其澮廣二尋深二刃若以孔安國八尺曰刃則澮亦廣深等但度廣以尋度深以刃故別言之若王肅依爾雅四尺曰刃深二刃八尺與廣二尋不類鄭以刃七尺淺於廣二尋二尺者以涂爲大故宜淺扱二尺與溝洫不得相類也○

注此畿至一同○釋曰云此畿內采地之制者對畿外諸侯亦制井田與此同云九夫爲井井者方一里九夫所治之田也者小司徒注似井字也云采地制井田異於鄉遂及公邑者按遂人云夫間有遂十夫有溝百夫有洫千夫有澮萬夫有川方三十三里少半里九而方一同以南畝圖之遂縱溝橫洫縱澮橫九澮而川周其外若以九而方一同則百里之內九九八十一澮此井田則一同惟一澮既溝澮稀稠不同又彼溝洫法以爲貢予就夫稅之十一而貢此則九夫爲井井稅一夫美惡取於此不稅民之所自治是溝洫井田異也小司徒注不云異於公邑者據遂人成文此兼云公邑者據事實而說云三夫爲屋屋具也一井之中三屋九夫三三相具以出賦稅共治溝也者一井有九夫據南畝言之則三夫並一屋而三夫相具以出賦稅井相具共治溝以言三屋共一井井間有溝故共治溝也云方十里爲成成中容一甸甸方八里出田稅緣邊一里治洫者司馬法有二法有甸方八里出長轂一乘又有成方十里出長轂一乘言甸者據實出稅者而言云成者據通治溝洫而說爲有二種故鄭細分計之八里爲甸出田稅緣邊一里并之則三里治洫以成間有洫故使共治洫也云方百里爲同同中容四都六十四成者此據小司徒而言彼經四縣爲都注云方四十里四都方八

十里旁加十里乃得方百里爲一同今言六十四成者據出田稅者言之故云方八十里出田稅緣邊十里治溝也云采地者在三百里四百里五百里之中者據載師職而言按彼云家邑任稍地小都任縣地大都任畺地是三百里外至畿五百里内言此者欲見三者采地之中有此井田助法又引載師職園廛之下者欲見鄉遂及公邑之等爲溝洫貢[illegible]法與采地井田異云輕近重遠耳者彼注云近者多役故輕稅也滕文公問孟子爲國已下至以爲常皆孟子對文公之辭自文公又公問井田已下至雖周亦助按彼是文公使畢戰問今以爲文公問者畢戰文公臣君統臣功亦得爲文公問也云一夏后氏五十而貢殷人七十而助周人百畝而徹其實皆什一徹者徹也助者藉也者並孟子對文公之辭按彼趙岐注夏禹之世號后氏后君也禹受禪於君故夏稱后殷周以順人心而征伐故言人也民耕五十畝貢上五畝耕七十畝以七畝助公家耕百畝者徹取十畝以爲賦雖異名而多少同故曰皆什一也徹猶人徹取物藉者借也猶人相借助之者或有解者云三代受地多少應同今云夏后氏五十而貢殷人七十周人百畝者據地有不易一易再易并六遂上地不易加五十畝有四等據授地之法夏言五十而貢者據一易之地家得二百畝常佃百畝荒百畝其佃百畝常稅之據二

百畝爲稅百畝爲五十而貢殷人七十而助者據六遂上地百畝有萊五十畝而言百五十畝稅一百畝猶五畝稅七十五畝舉全數言之故云七十畝而助也周人百畝而徹一者據上地不易者而言百畝全稅之故云百畝而徹也夏據一易之地亦有上地不易上地加五十畝者殷據上地如萊則亦有一地易及上地無萊者也周言百畝而徹則亦有上地有萊及一易者也三代皆不言再易三百畝者明皆有可知以其云貢貢子無助法殷人云助稅并無貢法周人云徹貢助兼有也云龍子曰治地莫善于助莫不善于貢貢者校數歲之中以爲常者按彼趙岐注龍子古賢人也言治地之賦無善於助者也貢者校數歲以爲常類而上之民供奉之有易有不易故謂貢爲莫不善之也孟子本爲莫不善於貢今注有無不字者葢轉寫脫耳文公又問按彼文公使畢戰問孟子孟子對此辭上文公揔問爲國之法故對助貢兼有此問并田之法孟子云請野九一而助國中什一使自賦者彼注云九一者井田以九頃爲數而供什一郊野之賦也助者殷家稅名周亦用之龍子所謂善於助者也時諸侯不行助法國中什一者周禮園廛二十而稅一時行重賦責之什一也而如也自從也孟子欲請使野人如助法什一而稅之國中從其本賦二十而稅一以寬之又云卿以下必有圭田圭田五

十畝餘夫二十五畝注云古者卿以下至於士皆受圭田五十畝所以供祭祀圭絜也士田故謂之圭田所謂惟士無田則亦不祭言絀士無絜田也井田之民養公田者受百畝圭田半之故五十畝餘夫者一家一夫受田其餘老小有餘力者受二十五畝半於圭田謂之餘夫也受田者田業多少有上中下周禮曰餘夫亦如之亦如上中下之制也王制曰夫圭田無征謂餘夫圭田皆不出征賦時無圭田餘夫孟子欲令復古所以重祭祀利民之道也云死徙無出鄉注云死謂葬也徙謂變○土易居平肥磽也不出其鄉易爲功云鄉田同井出入相友守望相助疾病相扶持則百姓親睦注云同鄉之田共井之家各相勞也出入相友相友偶也周禮大宰八曰友以任得民守望相助助察姦也疾病相扶持扶持其羸弱也救其困急皆所以教民相親睦之道睦和也但鄉遂爲溝洫法而云鄉田同井者此謂殷之助法雖鄉亦爲井田故云鄉田同井以其孟子雜說三代故也云方里而井九百畝其中爲公田八家皆私百畝同養公田公事畢然後治私事所以別野人也注云方一里者九百畝之地也爲一井八家各私得百畝同共養其公田之苗公田八十畝其餘二十畝以爲廬宅園圃家二畝半也先公後私遂及我私之義也則是野人之事所以別於上伍者也鄭所引孟子證井田之法

則鄉已下必有圭田及餘夫其文既閒在井田之中則二者亦爲井田之法故引之也云又曰詩曰至亦助也按彼是上文孟子對滕文公爲國之法今退在此者詩○是周井田之法故引之在下也云雖周亦助者是周兼夏殷助貢○也云魯哀公論語文按彼注二謂十二而稅但哀公已行十二而稅有若亦知哀公十二故抑之使從十一之正而云盍徹盍何不也徹通也謂十一之通稅哀公憂國有若憂民故也春秋譏宣公欲厚斂棄中央一夫之公田就八家之私田以取之故譏厚斂也云穀出不過藉者藉即借也借民力所治公田是也云此數者世人謂之錯者論語孟子春秋與詩文義不同故世人謂之錯而疑焉云以載師職及司馬法論之周制畿內用夏之貢法稅夫無公田者以世人疑之爲錯故鄭以諸文辨之按載師職云從國中園廛二十而一及甸稍縣都無過十二皆據鄉遂及四等公邑皆用夏之貢法云司馬法者辨左氏杜服所引司馬法云甸方八里出長轂一乘鄭注論語引司馬法云成方十里出長轂一乘鄭注小司徒引司馬法成方十里士十人徒二十人並據郊遂之外及采地法未見鄭所引證周之畿內之事而云以司馬法論必論周之畿內用夏之貢法者但彼司馬法必論周之畿內用夏之貢法非鄭虛言但餘儕所不見耳云以詩春秋論語孟子論之周

制邦國用殷之助法制公田不稅夫者詩云雨我公田是助法春秋初稅畝亦是助法論語云盍徹乎徹是天下之通法亦助法也孟子答畢戰井田引詩爲證亦周之助法故摠云助法不稅夫也云貢者自治其所受田貢其稅穀助者借民之力以治公田者鄭重釋夏貢殷助之事皆取孟子爲義也云畿內用貢法者至恤其私者鄉遂公邑之內皆鄰里比閭等治民之官且夕從民事因此促之使先治公田故不得恤其私故爲貢法不得有公田也云邦國用助法諸侯專一國之政爲其貪暴稅民無藝者藝謂準法宜公初稅畝就井田上取民之所自治況爲貢法有何準法故爲井田不爲貢也周之畿內稅有輕重者鄭云近者多役故輕其稅云諸侯謂之徹者通其事以什一爲正者謂郊外用助郊內用貢故引孟子云野九夫而稅一國中什一此云野九夫而稅一即彼云請野九一而助此云國中什一即彼云國中什一使自賦云九一而助者一井九夫之地四面八家各自治一夫中央一夫八家各治十畝八家治八十畝入公餘二十畝八家各得二畝半以爲廬宅井竈葱韭是十外稅一也國內據民住在城中其地即在郊內郊外鄉遂之民爲溝洫爲貢法言十一亦十外稅一者也漢書食貨志既有井田饒民二畝半之事是以宋均注樂緯何休注公羊趙岐孟子皆饒民詩

云倬彼甫田歲取十千鄭云井稅一夫其田百畝通稅十夫其田千畝成稅百夫其田萬畝不言饒民者以經云歲取十千校一成之內舉全數而言鄭亦順經從整數而說其實與諸家不殊也云邦國亦異外內者上云畿內畿外據天子揔天下大判而言此既引孟子野與國中不同是細而分之邦國亦傚天子異外內也云圭之言珪絜也者謂有珪絜之德也云周謂之士田者即載師士田是也先鄭引春秋者田一成事在哀元年彼夏后相爲澆所滅其子少康奔虞思爲庖正有田一成有衆一旅據一成之地地有九百夫官室塗巷三分去一餘六百夫上地家百畝中地家二百畝下地家三百畝通率三家受六夫之地則一成六百夫定受地有三百家而云有衆一旅五百家者據上地多家亦多也又曰列國一同者事在襄二十五年彼鄭子産適晉獻捷晉人責之何故侵小子産對曰昔天子之地一圻列國一同自是以衰今大國多數圻矣若無侵小何以至焉是也引之者證經成與同之事也貢稅之法古來皆什一故孟子說三代而云其實皆什一是以公羊傳云古者什一而藉多乎什一大桀小桀注云奢泰多取於民比於桀也寡乎什一大貉小貉注云蠻貉無社稷宗廟百官制度之費稅薄什一者天下之中正也什一而行頌聲作矣注云聖人制井田之法而口分之一夫一

婦受田百畝以養父母妻子五口爲一家公田十畝即所謂什一而稅也廬舍二畝半凡爲田頃。十。畝半八家而九頃共爲一井故曰井田孟子又云白圭曰吾欲二十而取一何如孟子曰子之道貉道也欲輕之於堯舜之道者大貉小貉也欲重之於堯舜之道者大桀小桀也卒指言先王授典籍萬世可通什一供貢下富上尊若然自古以來貢與助皆不得過什一者也

專達於川各載其名達猶至也謂澮直至於川復無所注入載其名者識水所從出〔疏〕注達猶至從出。釋曰上澮水所入更無注入故云專至於川云識水所從出者據澮水出注入川處諸澮既多當各記水所出之處著其名使人言有所稱謂者也

凡天下之地埶兩山之間必有川焉大川之上必有涂焉通其壅塞。壅於勇反〔疏〕注通其壅塞。釋曰此言同間有澮澮水入川其川是自然而有又非平地而出必因山間有之又大川不可輒越巡川必當有涂地勢然也言通其壅塞者川與涂皆是通其壅塞也

凡溝逆地防謂之不行水屬不理孫謂之不行溝謂造溝防謂脉理屬讀爲注

孫順也不行謂決溢也禹鑿龍門播九河爲此逆防與〔疏〕注溝謂至孫也○釋曰經言凡溝注云謂造溝則此溝非謂不理孫也○防音勤屬讀爲注之樹反理孫音遜注同廣深四尺其田間者下云梢溝三十里而廣倍當是人所造溝瀆引水者故此鄭引鑿龍門播九河爲證既不得逆地防不理遜水不行當依地防理順行水乃可爲之川也禹鑿龍門播九河事見尚書禹貢

梢溝三十里而廣倍

謂不墾地之溝也鄭司農云梢讀爲桑螵蛸之蛸謂水漱齧之溝故三十里而廣倍○梢劉音蕭注蛸一音色交反螵婢遙反〔疏〕注謂不至廣倍釋曰此溝雖是不墾地之溝與上異亦是非田間者也必使三十里得廣倍者亦謂地勢而爲之使水梢溝故得三十里而廣倍也先鄭云梢讀爲桑螵蛸之蛸蛸謂水漱齧之溝上云梢其藪亦讀從螵蛸之蛸同是梢齧之義故同讀從之也

凡行奠水磬折以參伍

坎爲弓輪水行欲紆曲也鄭司農云奠讀爲停謂行停水溝形當如磬直行三折行五以引水者疾焉○奠音亭折之設反後放此〔疏〕注坎爲至疾焉○釋曰言凡行停水者水去遲似停住止由川直故也是以曲爲因其曲勢則水去疾是以爲磬折以參伍也云坎爲弓輪者說卦文謂坎所

以行水如弓輪輪則水疾故云行水欲紆曲也欲爲淵則句於矩大曲則流轉流轉則其下成淵疏注大曲至成淵○釋曰凡川溝欲得使教淵之深當句曲於矩使水勢到向上句曲尺則爲迴湊自然深爲淵驗今皆然也凡溝必因水埶防必因地埶善溝者水漱之善防者水淫之漱猶齧也鄭司農云淫讀爲厥謂水淤泥土留著助之爲厚玄謂淫讀爲淫液之淫○漱色救反前注同厥許金反淤於據反著直略反液音亦疏注漱謂至之淫○釋曰先鄭讀淫爲厥者周禮之內云厥者先鄭皆爲淫淫爲陳故此讀淫爲厥先鄭餘處淫厥既爲陳於此不得爲淤泥解之故後鄭不從也是以後鄭以淫液之淫爲義謂以淤泥淫液使厚也凡爲防廣與崇方其閷參分去一崇高也方猶等也閷者薄其上○閷色界反劉又色例反注下同去起呂反疏注崇高至其上○釋曰凡爲堤防言廣與高等者假令堤高丈二尺下基亦廣丈二尺云其閷參分去一者三四十二上宜廣八尺者也大防外閷又薄其上厚其下疏注又薄至其下釋曰此文承上

參分去一而云外䉶故云又薄其上厚其下雖不知尺數但知三分去一之外更去也 凡溝防必一日先深之以爲式 程人功也溝防爲溝爲防也 疏 注程人至防也○釋曰程人功者將欲造溝防先以人數一日之中所作尺數是程人功法式後則以此功程賦其丈尺步數言深者謂深淺尺數故下云已爲式然後可以傳衆力傳謂付之 里爲式然後可以傳衆力 里讀爲已聲之誤也○里音以傳音附 疏 注里讀至誤也○釋曰必破里爲已者里則於義無取爲已則於義合故從已也 凡任索約大汲其版謂之無任 故書汲作汲杜子春云當爲汲玄謂約縮也汲引也築防若牆者以繩縮其版大引之言版橈也版橈築之則鼓土不堅矣詩云其繩則直縮版以載又曰約之格格椓之橐橐○格音各椓丁角反橐音託 疏 注故書至橐橐○釋曰引詩云其繩則直縮版以載者此大雅緜之篇文也又曰約之格格椓之橐橐者謂斯干美宣王之詩言築室百堵之時有此約椓之事彼注云格格猶歷歷也橐橐用力也引之者證索約約亦繩縮之事也 葺屋參分瓦屋

四分各分其脩以其一爲峻○葺疏注各分至爲峻○
七入反劉音集又子入反釋曰葺屋謂草屋
草屋宜峻於瓦屋云各分其脩以其一爲峻者按上堂脩二
七言之則此注脩亦謂東西爲屋則三分南北之間尺數取
一以爲峻假令南北丈二尺草屋三分
取四尺爲峻瓦屋四分取三尺爲峻也囷窌倉城逆牆
逆猶卻也築此四者六分其高卻一分以爲網囷圜
六分倉穿地曰窌○囷丘貧反窌劉古孝反依字當爲窖
作窌假疏注逆猶至曰窌○釋曰地上爲之方曰倉圜曰
借也囷穿地曰窌卻牆六分者六分其高去一以爲
網假令高丈二尺下厚四尺則於上去二尺爲網上惟二尺
其囷倉城地上爲之須爲此殺其窌入地亦爲此網者雖入
地口宜寬
則牢固也堂涂十有二分謂階前若今令甓裓也分其
督旁之脩以一分爲峻也爾
雅曰當涂謂之陳○令音零甓薄歷反爾疏注謂階至之
雅云瓴甋謂之甓郭璞云今瓴甋裓音階陳○釋曰鄭
云若今令甓裓也者漢時名堂涂爲令甓裓令辟則今之塼
也裓則塼道者也云分其督旁之脩者名中央爲督督者所
以督率兩旁脩謂兩旁上下之尺數假令兩旁上下尺二寸
則取一寸於中央爲峻峻者取水兩向流去故也引爾雅者

釋宮文即詩云彼何人斯胡逝我陳言涉堂涂引之證陳與此堂涂爲一也

竇其崇三尺宮中水道○竇音豆疏注宮中水道○釋曰言爲竇通水高不得過此按禮記儒行云篳門圭竇則此竇一也

牆厚三尺崇三之高厚以是爲率足以相勝○勝音升疏注高厚至相勝○釋曰云高厚以是爲率者高恒兩倍於厚不要厚三尺高九尺假令厚六尺高丈八尺皆依此法故云以是爲率足以相勝也

車人之事半矩謂之宣矩法也所法者人也人長八尺而大節三頭也腹也脛也以三通率之則矩二尺六寸三分寸之二頭髮皓落曰宣半矩尺三寸三分寸之一人頭之長也柯欘之木頭取名焉易巽爲宣髮○之宣如字本或作寡亦作宣脛戶定反皓胡老反本或作顥音同劉作皓音灰柯古阿反疏注矩法至宣髮○釋曰言車人之事謂車人爲造車之事此與下爲摠目也云半矩謂之宣者以下文取此宣爲尺度故先定宣之長短如上十分寸之一謂之枚之類也知所法者人也者以易云巽爲宣髮則人頭名宣又見下云一柯有半謂之磬折與人帶已下四尺半爲磬折同故知法人也人長八尺已下鄭欲推出宣之長短之數以人長八尺三分之六尺各得二

尺其二尺又取尺八三分之各得六寸又以二寸寸爲三分爲六分三分之各三分寸之二故云頭也腹也脛也以三通率之則二尺六寸三分寸之二也云頭髮皓落曰宣者以得謂宣去之義人髮皓白則落墮故云此者辨頭名宣意也云半矩尺三寸三分寸之一人頭之長也者矩既二尺六寸三分寸之二故減半爲人頭之長有此數也云柯欘之木頭取名焉者下云一宣有半謂之欘一欘有半謂之柯柯欘皆從宣上取數故云頭取名焉猶言取名於頭也云易曰巽爲宣髮者按說卦云其於人爲宣髮注宣髮取四月靡草死髮在人體猶靡草在地今易文不作宣作寡者蓋宣寡義得兩通故鄭爲宣不作寡也引之者證宣爲頭意也

一宣有半謂之欘 欘斲木柄長二尺爾雅曰句欘謂之定○欘張玉郭云斫也句音劬又音俱定丁甯反或如字

疏 注欘斲至之定○釋曰一宣有半得長二尺者以一宣尺三寸三分寸之一取半添之一尺得五寸三寸每寸三三分得九分并前一分爲十分取半得五分三分爲一寸餘二分摠爲六寸二分寸之二添前尺三寸三分寸之一爲二尺也斲斤即爾雅句一也彼云句欘謂之定故知此欘斲斤

一欘有半之柯 伐木之柯柄長三尺詩云伐柯伐柯其則不遠鄭司農云蒼頡柄也

篇有疏注伐木至柯欘○釋曰知長三尺者以其欘長二柯欘尺云一欘有半故知三尺引詩者伐柯詩之文也先鄭引蒼頡者蒼頡造文字有篇名蒼頡云柯欘並是柄也

一柯有半謂之磬折

人帶以下四尺五寸磬折立則上俛玉藻曰三分帶下紳居二焉紳長三尺○俛音免

疏注人帶至三尺○釋曰此據人之所立磬折之儀以上有宣及欘柯之長短故因解之立磬折淺深也又下文造耒亦以磬折之故云之也云一柯有半謂之磬折據紳帶以下而言也引玉藻者按彼子游曰參分帶下紳居二焉鄭注云三分帶下而三尺則帶高於中也以其人長八尺中則四尺今云三分帶下紳居二分明帶上有一分上三尺半是帶下有四尺半可知也

車人爲耒庛長尺有一寸中直者三尺有三寸上句者二尺有二寸

鄭司農云耒謂耕耒庛讀爲其頟有疵之疵謂耒下岐玄謂庛讀爲棘刺之刺刺耒下前曲接耜○耒力對反劉音誄或良水反庛音刺七賜反李又似斯反頟疵似斯反

疏車人至二寸○釋曰此車人既爲車因使爲耒之田器也庛者耒之面但耒狀若今之曲杴柄也面長尺有一寸云中直

者謂手執處爲句下爲中直者三尺有三寸也句者謂人手執之處二尺有二寸也○注鄭司至接耜○釋曰先鄭云庛讀爲其顙有疵之疵者俗人謂顙顙之上有疵病故從之也云謂耒下岐者古法耒下惟一金不岐頭先鄭云耒下岐據漢法而言其實古者耜不岐頭是以後鄭上注亦云今之耜岐頭明古者耜無岐頭也玄謂疵讀爲棘刺之刺者以其入地故讀從刺也云刺耒下前曲接耜者耜謂耒頭金故云下前曲接耜者也

自其庛緣其外以至於首以弦其內六尺有六寸與步相中也

緣外六尺有六寸內弦六尺應一步之尺數耕者以田器爲度宜耜異材不在數中○緣如字沈悅戰反中如字又丁仲反應應對之應

疏 自其至中也○釋曰云自其庛緣其外以至於首者據庛下至手執句者逐曲量之云以弦其內者據庛面至句下望直量之故云以弦其內內謂上下兩曲之內云六尺有六寸與步相中也者言逐曲之外有六尺六寸今弦其內與步相中中應也謂正與步相應應一步之尺數云耕者以田器爲度宜者在野度以步以人步或大或小恐其不平故以六尺之耒以代步以量地也云耜異材不在數中者未知耜金廣狹要耒自長六

尺不通耜若量地時腕去耜而用之也堅地欲直庛柔地欲句庛直庛則利推句庛則利發倨句磬折謂之中地中地之耒其庛與直者如磬折則調矣調則弦六尺○推如字李湯雷反〔疏〕堅地至中地○釋曰此直庛及句庛皆不六尺之度惟中地之耒合磬折者乃六尺之度故鄭云中地之耒其庛與直者如磬折則調矣調者謂弦六尺則餘句直者不合六尺可知也

車人爲車柯長三尺博三寸厚一寸有半五分其長以其一爲之首首六寸謂今剛關頭斧柯其柄也鄭司農云柯長三尺謂斧柯因以爲度〔疏〕車人至之首○釋曰此車人謂造車之事凡造作皆用斧因以量物故先論斧柄長短及刃之大小也○注首六至爲度○釋曰云謂今剛關頭斧者漢時斧近刃皆以剛鐵爲之又以柄關孔即今亦然故舉漢法爲說也轂長半柯其圍一柯有半大車轂徑尺五寸〔疏〕注大車至五寸

釋曰鄭知此是大車者此論載輻牙下柏車別論轂輻牙又柏車轂長以行山此車轂短以行澤故知此是大車平地載任者也鄭知徑尺五寸者以其圍一柯有半四尺半圍三徑一故知徑一尺五寸也

輻長一柯有半其博三寸厚三之一 輻厚一寸也故書博或爲摶杜子春云當爲博○摶徒九反

渠三柯者三 渠二丈七尺謂罔也其徑九尺鄭司農云渠謂車輮所謂牙○牙五嫁反李五家反下同本或作迓 疏 注渠二至謂牙○釋曰云渠二丈七尺者按上輻長一柯有半兩兩相對則九尺尚有轂空壺中於二丈七尺不合者云輻長一柯有半兩相九尺者通計轂而言其實輻無一柯有半也云所謂牙者謂下文云牙圍也

行澤者欲短轂行山者欲長轂短轂則利長轂則安 澤泥苦其大安山險苦其大動○大音泰又菀餓反下同 疏 行澤至則安○釋曰此摠言大車柏車所利之事以大車在平地并行澤柏車山行各有所宜也○注釋泥至大動○釋曰此釋長轂安短轂危之事

行澤者反輮行山者仄輮反輮則易仄

輮則完故書仄爲側鄭司農云反輮謂輪輮反其木裏需
之謂反輮爲泥之黏欲得心在外滑仄輮爲沙石破碎之欲
得表裏相依堅刃○輮人九反劉音柔仄音側易以豉反需
者人兖反爲泥〔疏〕行澤至則完○釋曰此經言車牙所宜
于僞反下同外內堅濡之事○注故書至堅刃○釋
曰此注後鄭增成先鄭之義言仄柔者堅
者在外柔者在內以其取堅刃相成故也六分其輪崇
以其一爲之牙圍輪高輪轂也牙圍尺五寸〔疏〕注輪高至五寸○釋曰輪崇九尺六
尺得一尺三尺得
五寸故尺五寸也柏車轂長一柯其圍二柯其輻
一柯其渠二柯者三五分其輪崇以其一爲
之牙圍柏車山車輪高六尺牙圍尺二寸〔疏〕柏車至牙圍○釋曰此柏車山行故轂長輪崇又下
皆欲取安故也其輻一柯其渠二柯者三者兩輻相對六尺
渠圍二柯者三圍丈八尺亦謂通轂空壼中并數而言也○
注柏車至二寸○釋曰柏車山車對大車爲平地之車也牙
圍尺二寸者以其輪崇六尺五分取一五尺取一尺一尺取

二寸故尺二寸也**大車崇三柯綆寸牝服二柯有參分柯之二**大車平地載任之車轂長半柯者也綆輪箄牝服長八尺謂較也鄭司農云牝服謂連箱服讀爲負○綆方潁反牝步忍反又扶死反李扶細反服音負詩音如字箄薄歷反較音角〔疏〕注大車至爲負○釋曰云大車平地載任之車轂長半柯者也者以其上文云轂長半柯不言車名故云轂長半柯者也云綆輪箄者謂輪之四面外一寸則安言牝服者謂車轂即今人謂之平鬲皆有孔內軨子於其中而又向下服故謂之牝服也是以先鄭云牝服謂車箱服讀爲負以衆軨所依負然也**羊車二柯有參分柯之一**鄭司農云羊車謂車羊門也玄謂羊善也善車若今定張車較長七尺〔疏〕注鄭司至七尺○釋曰先鄭云羊車謂車羊門也者其言無所當故後鄭易之也後鄭云羊善也善車若今定張車雖舉當時漢法以曉人漢世去今久遠亦未知定張車將何所用但知在宮內所用故差小爲之謂之羊車也按此羊車較長七尺下柏車較長六尺則羊車大矣而論語謂大車爲柏車小車爲羊車者以柏車皆說轂輻牙惟羊車不言惟言較而已是知柏車較雖短轂輻牙則長羊車較

雖長轂輻牙則小故得小車之名也柏車二柯較六尺也柏車輪崇六尺其緛大半寸○疏注較六至半寸○釋曰鄭云柏車輪崇六尺其緛太半寸知者以大車輪崇九尺緛一寸此柏車輪崇六尺三分減一明柏車輪崇六尺三分減一其緛亦宜三分減一三分寸之二即大半寸也凡爲轅三其輪崇參分其長二在前一在後以鑿其鉤徹廣六尺鬲長六尺鄭司農云鉤鉤心鬲謂轅端厭牛領者○鬲沈於革反劉音隔厭於甲反疏凡爲至六尺○釋曰云凡爲轅者言凡語廣則柏車大車羊車皆在其中輪輪崇雖不同其轅當各自三其輪崇假令柏車輪崇六尺三之爲轅丈八尺大車輪崇九尺三之爲轅二丈七尺但羊車雖不言輪崇亦三之以爲轅也徹廣六尺者不與四馬車八尺者同徹鬲長六尺者以其兩轅一牛在轅內故狹四馬車鬲六尺六寸者以其一轅兩服馬在轅外故鬲長也

弓人爲弓取六材必以其時取幹以冬取角以秋絲漆以夏筋膠未聞

〔疏〕注取幹至未聞○釋曰鄭知取幹以冬者見山虞云仲冬斬陽木仲夏斬陰木二時俱得斬但冬時尤善故月令仲冬云日短至伐木取竹箭注云堅成之極時是知冬善於夏故指冬而言也云取角以秋者下云秋殺者厚故知用秋也絲漆以夏者夏時絲孰夏漆尤良故知也筋膠未聞必知六材據此六者皆依下文而說也

六材既聚巧者和之聚猶具也○聚似主反〔疏〕六材至和之○釋曰爲弓須此六材故云聚巧者即此弓人之工者也和之謂春液角夏治筋之類也

幹也者以爲遠也角也者以爲疾也筋也者以爲深也膠也者以爲和也絲也者以爲固也漆也者以爲受霜露也六材之力相得而足〔疏〕注六材至而足○釋曰此一經主論六材在弓各有所用六材相得乃可爲足也

凡取幹之道七柘爲上檍次之檿桑次之橘次之木瓜次之荊次之竹爲下鄭司農云檍讀爲億萬之億爾

雅曰柲檍又曰檿桑山桑國語曰檿弧箕箙○檍於力反一音意劉又烏克反檿烏簟反柲女丑反箙音服○【疏】凡取至爲下○釋曰此經説弓幹善惡者也○注鄭司至箕箙○釋曰引國語者彼爲幽王寵褒姒以至亡國故彼云檿弧箕箙實亡周國也

凡相幹欲赤黑而陽聲赤黑則鄉心陽聲則遠根陽猶清也木之類近根者奴○相息亮反下同鄉許亮反遠于万反下遠於同近附近之近○【疏】注陽猶至者奴○釋曰此經説相幹善惡之法

凡析幹射遠者用埶射深者用直鄭司農云埶謂形埶假令木性自曲則當反其曲以爲弓故曰審曲面埶玄謂曲埶則宜薄薄則力少直則可厚厚則力多○射食亦反下同【疏】注鄭司至力多○釋曰此説弓力多少之事凡析幹射遠者用埶者弓弱則宜射遠謂若夾庾之類云射深者用直者弓直則宜射深謂若王弧之類也此注後鄭增成先鄭之義先鄭惟見隨木形埶而用之後鄭則論厚薄力多少之法也二鄭相兼乃具

居幹之道菑栗不迆則弓不發。鄭司農云菑讀爲不菑而畬之菑栗讀爲榛栗之栗謂以鋸副析幹迆讀爲倚移從風之移謂邪行絶理者弓發之所從起玄謂栗讀爲裂繻之裂○菑側冀反又側其反沈子冀反劉音厠栗音烈李又如字迆羊氏反不菑側其反畬音餘鋸音據副普逼反析星歷反倚於綺反移羊氏反下同邪似嗟反繻音需○疏注鄭司至之裂○釋曰居謂居處解析弓幹之法弓後不發傷也先鄭云菑讀爲不菑而畬之菑禮記坊記云不菑畬此菑即耕故爾雅云田一歲曰菑二歲曰新田三歲曰畬菑取彼義也云栗讀爲榛栗之栗者詩云樹之榛栗栗者亦取破之義迆讀爲倚移從風之移讀從司馬相如上林賦云倚移從風玄謂栗讀爲裂繻之裂者讀從隱元年左氏傳紀裂繻來逆女彼裂繻字子帛則爲裂破衣義義亦與先鄭大同皆取破義但從裂繻之裂勝從栗以其栗是栗栗堅硬之意於破義爲疏故從裂也

凡相角秋閷者厚春閷者薄稺牛之角直而澤老牛之角紾而昔鄭司農云紾讀爲抮縛之抮昔讀爲交錯之錯錯謂牛角觕理錯也玄謂昔讀履錯然之錯○閷色界反劉色例反下同紾劉徒展反許慎尚展反又徒展反與注抮縛之抮同角絞縛之意昔七各反下同抮縛並

與紾同縛又徒轉反牸才苦反又〔疏〕注鄭司至之錯○釋
七奴反錯七各反李云鄭且若反曰上文已言幹訖至
此更宜相角但以秋對春以稺對老而言之秋䐉者厚謂角
厚肉少春䐉者薄謂角薄肉多稺生之角直而澤謂角直而
潤澤老牛之角紾而錯者紾謂理麤錯然不潤澤也先鄭云
紾讀爲抮縛之抮者未知讀從何文蓋從俗讀云昔讀爲交
錯之錯者讀從詩獻酬交錯之謂**疢疾險中**牛有久病
音讀履錯然之錯者讀從復卦爻辭則角裏傷
〔疏〕注牛有至裏傷○釋曰以疢疾爲久病故
云牛有久病險傷也中即裏謂角裏傷也**瘠牛之角**
無澤少潤氣○〔疏〕瘠牛之角無澤○釋曰上云疢疾謂
瘠在亦反久病即此云瘠者惟瘦瘠非病角則
無潤澤也**角欲青白而豐末**豐大也〔疏〕注豐大也○釋曰凡牛角善者按下
注云本白中青末豐**夫角之末蹙於剫而休於氣是故柔**蹙近也休讀爲
煦鄭司農云欲
柔故欲其埶也白也者埶之徵也
其形之自曲反以爲弓玄謂色白則埶○夫音扶下皆同戚
於子六反注同李又音促又且六反剫乃老反李又作腦休

音眗下同眗煦況付反劉音休下同疏注蹙近至則埶○釋曰此說角之埶也言角之本近於𠜾得和眗之氣於𠜾是故柔柔故欲其形之自曲反是為埶也然可以為弓夫角色白者則埶之徵驗也夫角之中恒當弓之畏畏也者必橈橈故欲其堅也青也者堅之徵也故書畏作威杜子春云當為威威謂弓淵角之中央與淵相當玄謂畏讀如秦師入隈之隈○畏烏回反下同疏注故書至之隈○釋曰此說角之堅也子春從故書威後鄭不從而為隈者威謂威儀不得為曲中故從隈為曲隈之義按僖二十五年秋秦晉伐鄀秦人過析隈鄭以為入隈夫角之末遠於𠜾而不休於氣是故脃脃故欲其柔也豐末也者柔之徵也末之大者𠜾氣及眗之○脃七歲反疏注末之至眗之○釋曰此說角欲豐末之意云角之末遠於𠜾而不休於氣是故脃脃故欲其柔也豐末也者柔之徵也則末不豐者脃末豐則柔柔則不脃可知故鄭云末之大者𠜾氣及眗之角長二尺有五寸

三色不失理謂之牛戴牛三色本白中青末豐鄭司農云牛戴牛角直一牛

凡相膠欲朱色而昔昔也者深瑕而澤紾而

摶廉摶圜也廉瑕嚴利也○摶徒丸反疏角長至摶廉○釋曰上已相幹角次及相膠此云欲朱色按下鹿膠青白已下惟牛膠火赤自餘非純赤則牛膠爲善矣紾而摶廉者謂有紾理而摶圜又廉瑕嚴利○注摶圜至利也○釋曰膠之性叚叚皆摶圜也廉瑕二者俱是嚴利之狀鹿膠青白馬膠赤白

牛膠火赤鼠膠黑魚膠餌犀膠黃皆謂煮用其皮或用角餌色如餌疏注皆謂至如餌○釋曰云煮用其皮或用角者經惟鹿用皮亦用角今人鹿猶用角自餘皆用皮云餌色如餌者時有凡昵之類不能方鄭司農云謂膠善戾故書昵或作樴餌之色故從之也

杜子春云樴讀爲不義不昵之昵或爲䵒䵒黏也玄謂樴脂膏䐈敗之䐈䐈亦黏也○昵女乙反又音職樴音職䵒女乙反爾雅云膠也劉沈並音刃䐈音職吕沈云膏敗也疏注鄭司至黏也○釋曰子春云不義不昵者按隱元年鄭

大叔段爲不義莊公曰不義不昵厚將崩彼不昵爲不親兄則昵爲親近不相捨離後鄭以爲還從古書樴音故轉爲脂膏䐈敗之䐈若今人頭髮有脂膏者則謂之䐈䐈亦黏也

凡相筋欲小簡而長大結而澤小簡而長大結而澤則其爲獸必剽以爲弓則豈異於其獸剽疾也鄭司農云簡讀爲撊然登陴之撊玄謂讀如簡札之簡謂筋條也○剽芳妙反戚芳昭反或扶名反後同撊下板反或胡簡反陴婢支反劉蒲佳反又房卑反

疏　凡相至其獸○釋曰上已相角膠次及相筋言此筋之獸剽疾爲弓亦剽疾故云豈異於其獸也○注剽疾至條也○釋曰先鄭云簡讀爲撊然登陴之撊者讀從左氏傳也義無所取玄謂讀如簡札之簡謂筋條也竹簡一片爲一札此筋條亦有簡別故讀從之也

筋欲敝之敝鄭司農云嚌之當孰○敝婢世反徐扶哲反嚌才略反

疏　注鄭司至當孰○釋曰筋之椎打嚌齧欲得勞敝故云嚌之當孰也

漆欲測鄭司農云測讀爲惻隱之惻玄謂惻讀如測度之測測猶淸也○隱本或作憶同度徒洛反

疏　漆欲測○釋曰先鄭云測讀爲惻隱

之惻此惻隱爲痛切義非漆之善狀故後鄭以爲測度之測測淸也從水義取漆爲良也**絲欲沈**如在水中（疏）注如在水中時色○釋曰言絲欲沈則據乾燥時色時色還如在水凍之色故云如在水中時色**得**

此六材之全然後可以爲良全無瑕病良善也（疏）注全無至善也○釋曰全無瑕病者幹角膠筋漆絲六材皆令善而無瑕病然後爲善也

凡爲弓冬析幹

而春液角夏治筋秋合三材三材膠絲漆鄭司農云液讀爲醳○液音亦下同醳音亦劉沈音釋下同（疏）注三材至爲醳○釋曰凡治弓材各於其時言秋合三材膠漆絲則幹角筋須三材乃合則秋是作弓之時故至冬寒而定體也鄭知三材是膠漆絲者以經既言幹角及筋六材之中惟少膠漆絲故知三材謂此也先鄭液讀爲醳者醳是醳酒之醳亦是漬液之義故讀從之也**寒奠體**奠讀爲定至冬膠堅內之檠中定往來體○奠讀爲定下同檠音景（疏）注奠讀至來體○釋曰檠謂弓檠至寒膠堅而牢故內之檠中定往來體則六弓往體來體多少者是也**冰析濬**大寒中下於檠中復內之○濬子召反復扶又反○

疏注大寒至内之○釋曰十二月小寒節大寒中是冰盛之時故以大寒解冰也云下於槷中復内之者謂復加上寒奠體内之於槷中者似但上内爲定體而内此爲析濟而内之所爲有異故别言也冬析幹則易理滑致○易以豉反致直致反下言致同疏冬析幹則易○釋曰自此已下重釋上文各以其時之意春液角則合合讀爲洽夏治筋則不煩煩亂秋合三材則合合堅密也寒奠體則張不流流猶移也疏注流猶移也○釋曰體既定則後用時雖張不流移謂不失往來之體也冰析濟則審環審猶定也疏注審猶定也○釋曰納之槷中析其漆濟其漆之濟環則定後不鼓動故冰析之也春被弦則一年之事朞歲乃可用○被皮寄反疏注朞歲乃可用○釋曰通春被弦則二年之事而云一年者據冰析濟已前爲一年春被弦是用時不數也○析幹必倫順其理也析角無邪邪亦正之○邪似嗟反斲目必荼鄭司農云荼讀爲舒舒徐也目幹節目○荼音舒下同○疏注鄭

司至節目。釋曰按禮記學記云善問者如攻堅木先其易者後其節目是斲目必徐之義也**斲目不荼則及其大脩也筋代之受病**脩猶久也疏斲目至受病。釋曰筋代之受病者以筋在弓皆以幹爲力必須筋幹相得今弓幹有節目用力不得其所則幹不用力故筋代幹受病以其偏用力故也**夫目也者必強強者在內而摩其筋夫筋之所由幨恒由此作**摩猶隱也故書筋或作蓟鄭司農云當爲筋幨讀爲車幨之幨玄謂幨絕起也。幨昌廉反注同。疏注摩猶至起也。釋曰此還重釋筋幹不得所之意先鄭讀幨爲車幨之幨者衛詩云漸車帷裳昏禮亦云婦車亦如之有裧故讀從之後鄭云幨絕起也者由絕起則廉幨然也**故角三液而幹再液**重醳治之使相稱。重直龍反稱尺證反下各稱同疏注重醳治之。相稱。釋曰或三液再液不等者角須三液幹須再液乃得相稱**厚其帤則木堅薄其帤則需**需謂不充滿鄭司農云帤讀爲襦有衣絮之絮。帤謂弓中裨。帤女居反需人兗反下注罷需同𦟌劉音須沈音𦟌本亦作𦟌絮本亦作帤周易作袽皆女居反䘿符支反又音卑〔疏〕注需謂至中䘿〇釋曰需謂不充滿者需𦟌不進故爲不充滿謂弓中䘿者造弓之法弓幹雖用整木仍於幹上䘿之乃得調適也

是故厚其液而節其帤厚猶多也節猶適也〔疏〕注厚猶至適也〇釋曰多其液者謂角幹其䘿須節適厚薄得所也

約之不皆約疏數必侔不皆約纏之繳不相次也皆約則弓帤侔侔猶均也〇數音朔侔莫候反或亡又反繳不音灼〔疏〕注不皆至均也〇釋曰約謂以絲膠橫纏之今之弓猶然云不皆約謂不次比爲之疏數必侔約之多少須稀疏必均也

斲摯必中膠之必均摯之言致也中猶均也〔疏〕斲摯至必均〇釋曰斲幹厚薄必調均爲之施膠亦均不得偏厚也自此以下說弓之隈裏施膠之事云摩其角謂幹不均而有高下則摩其角

斲摯不中膠之不均則及其大脩也角代之受病夫懷膠於內而摩其角夫角之所由挫恒由此作幹不

均則角蹴折也○挫子臥反蹴子六反（疏）注幹不至折也○釋曰此總釋經角代之受病及角之所由挫二事者也

凡居角長者以次需

當弓之隈也長短各稱其幹短者居簫○隈烏回反（疏）注當弓至居簫○釋曰云長短各稱其幹復云短者居簫簫謂兩頭則長者自然在隈內可知

恒角而短是謂逆橈引之則縱釋之則不校

鄭司農云恒讀爲裻絙之絙玄謂恒讀爲揯○揯○竟也竟其角而短於○淵幹引之角縱不用力若欲反橈然校疾也既不用力放之又不疾○恒古鄧反又如字下同校古卯反注及下同裻音督絙古鄧反或古登反沇又居背反揯古鄧反（疏）注鄭司至不疾○釋曰竟角而短謂施角竟滿兩畔而上下短於隈者也云是謂逆橈者被弦引之時以角寬而短引之角縱不用力若欲反橈然故云引之則縱也釋之則不校者角所以放矢今角不用力故釋放之不校疾也

恒角而達譬○如終紲非弓之利也

達謂長於淵幹若達於簫頭紲弓鞦角過淵接則送矢太疾若見紲於鞦矣弓有鞦者爲發弦時備頻傷詩云竹鞦緄縢○辟如音譬下注變辟同或房赤反紲息列反弓鞦也鞦

音祕又補結反爲于僞反緪古本〔疏〕注達謂至緪縢○釋反劉古魂反縢本又作絛徒登反曰先鄭上讀爲㮚緪之緪者從俗也此弓非直兩畔角滿讀之爲揯角而角又上下長於淵幹如達於簫頭若然則譬如終紲紲謂弓䩛謂弓在䩛中然非弓之利引詩云竹䩛緄縢者緄繩縢繫約之也以竹爲䩛發弦時衵於弓之背上又繩橫繫之使相著䩛與弓爲力備頓傷也

今夫茭解中有變焉故挍

鄭司農云茭讀爲激發之激茭謂弓檠也挍讀爲絞而婉之絞玄謂茭讀如齊人名手足擊爲骹之骹茭解謂接中也變謂簫臂用力異挍疾也○茭司農古歷反鄭戶卯反解戶賣反注同茭讀音交下茭亦同激古歷反擊烏喚反骹戶卯反臂如字下文同本或作辟一音房亦反

〔疏〕今夫至故挍○釋曰記人別起義端故言今夫言茭解中謂弓隈與弓簫角接之處云有變者則異也謂弓簫與臂用力異異者引之則臂中用力放矢則簫用力旣用力異故絞絞謂矢去疾也○注鄭司至疾也○釋曰先鄭讀茭爲激發之激者當時有激發之語故從俗讀之云茭謂弓檠也者此據用時輒言弓檠於義不合後鄭不從之云絞讀爲絞而婉之絞者按昭元年左氏傳虢之會楚公子圍設服離衛叔孫穆子曰楚公子美矣君哉退會子羽

謂子皮曰叔孫絞而婉故讀從之此後鄭增成其義玄謂茭讀如齊人名手足擘爲骹之骹者時齊人有名手足節擘閒爲茭取弓隈與簫角相接名茭也**於挺臂中有柎焉故剽**挺直也柎側骨剽亦疾也鄭司農云剽讀爲湖漂絮之漂○挺勑頂反注同或徒冷反柎方輔反下同湖音胡漂匹妙反絮相慮反〔疏〕注挺直至之漂○釋曰直臂中正謂弓把處有柎焉者謂角弓於把處兩畔有側骨骨堅强所以與弓爲力故剽疾也先鄭云剽讀爲湖漂絮之漂者時有此語從俗讀之○**恒角而達引如終紲非弓之利。**重明達角之不利變譬言引字之誤○引音譬重直用反**撟幹欲孰於火而無贏撟角欲孰於火而無燂引筋欲盡而無傷其力鬻膠欲孰而水火相得然則居旱亦不動居濕亦不動**贏過孰也燂炙爛也不動者謂弓也故書燂或作朕鄭司農云字。從燂○撟居兆反劉枯老反沈古了反燂音潛又音尋或大含反鬻章呂反〔疏〕撟幹至不動○釋曰此一經明料理幹角筋膠四者得所不得所之事不言漆絲者用力少故不言也苟有賤工必因角幹之濕以爲之柔善者在外動者在內雖善於外必動於內雖善亦弗可以爲良矣苟愉也濕猶生也○愉吐侯反或吐豆反〔疏〕苟有至良矣○釋曰此經說弓幹須外內皆善不得外善內惡者也凡爲弓方其峻而高其柎長其畏而薄其敝宛之無已應宛謂引之也引之不休止常應弦言不罷需也峻謂簫也鄭司農云敝讀爲蔽塞之蔽謂弓人所握持者○畏烏回反敝讀爲蔽必世反劉又博堺反宛於阮反應應對之應注下皆同罷音皮〔疏〕凡爲至已應○釋曰方其峻峻謂簫簫宜方爲之而高其柎柎把中高對方則此高者謂爲柎胃宜高爲之長其隈謂柎之上下宜長爲之而薄其敝敝謂人所握持手蔽之處宜薄爲之有此四善故引之無休止而應弦故云宛之無已應謂常用而不就弦也下柎之弓末應將興末猶簫也興猶動也發也弓柎卑簫應弦

則柎將動○疏注末猶至將動○釋曰言下柎者謂把骨
甲劉音婢大下爲之由弓隈下短故簫應弦則將動注
也發爲柎而發必動於䋁䋁接中○䋁色界反劉色例反注下同疏䋁
接中○釋曰此重釋上文末應將興
若如上爲簫而發動則接中亦動也弓而羽䋁末應
將發羽讀爲扈扈緩也接中動則緩緩簫應弦則角幹將發○羽音戶疏注羽讀至將發○釋曰破
羽爲扈者羽於弓義無所取故破從扈也必知此有緩義
者以其上文云必動於䋁故知此云羽䋁者當從緩䋁弓
有六材焉維幹強之張如流水無難易也○易以豉反下同
疏注無難易也○釋曰弓有六材惟以幹爲強者以其幹
外五材當依幹而有以幹爲本故指幹爲強張如流水
者以幹得所以制五材故張如流水
水無難易無難易則強弱得所也維體防之引之中
參體謂內之於檠中定其體防深淺所止謂體定張之弦居一尺引之又二尺疏注體謂至二尺○釋
曰云體謂內之於檠中定其體者此亦謂內之檠中則往來
體定體定然後防之防之者鄭云深淺所止若王弧之弓往

體寡來體多弛之乃有五寸張之一尺五寸夾庾之弓往體多來體寡者弛之一尺五寸張之得五寸唐弓大弓往來體若一者弛之一尺張之亦一尺是防之深淺所止云謂體定張之弦居一尺引之又二尺者此據唐大中者而言餘四者弛之張之雖多少不同及其引之皆三尺以其矢長三尺須滿故也

維角定之欲宛而負弦辟戾也負弦則

無負弦引之如環釋之無失體如環

不如環如環亦謂無難易鄭司農云定讀如掌距之掌車掌之掌○定直庚反或之亮反又詩尚反注同沇云或音堂非辟劉必亦反衆家皆匹亦反

[疏] 注負弦至之掌○釋曰云維角定之定正也謂置角於隈中既正云欲宛而無負弦者引之弓體不辟戾故也云引之如環者亦由無負弦故也云釋之無失體如環者謂放矢後無失體得如環然先鄭云定讀如掌距之掌掌距取其正也車掌之掌謂車輢之木亦取正也

材美工巧爲之時謂之參均角不勝幹幹不勝筋謂之參均量其力有三均均者三謂之九和有三讀爲又參量其力又

參均者謂若幹勝一石加角而勝二石被筋而勝三石引之中三尺假令弓力勝三石引之中三尺弛其弦以繩緩擐之每加物一石則張一尺故書勝或作稱鄭司農云。當言稱謂之不參均玄謂不勝無負也○勝音升下注同被皮寄反擐戶串反劉郭大反

疏注有三至負也○釋曰云有三讀爲又參者以經上文已云參均此云三均故宜破三爲參也上已二文參均此文加一參參均當云又參均故破有爲又也云量其力又參均者謂若幹勝一石加角而勝二石被筋而勝三石引之中三尺者此言謂弓未成時幹未有角稱之勝一石後又按角勝二石後更被筋稱之即勝三石引之中三尺者此據幹角筋三者具揔稱物三石得三尺若據初空幹時稱物一石亦三尺更加角稱物二石亦三尺又被筋稱物三石亦三尺鄭又云假令弓力勝三石引之中三尺者此即三石力弓也必知弓力三石者當弛其弦以繩緩擐之者謂不張之別以一條繩繫兩簫乃加物一石張一尺二石張二尺三石張三尺則與前三幹角筋力各一石也先鄭從古書爲稱者欲以不稱爲不參均後鄭不從者

九和之弓

此勝即彼負此不勝即彼不負故爲不勝解之

角與幹權筋三侔膠三鋝。絲三邸。漆三斞上

工以有餘下工以不足權平也侔猶等也角幹既平筋三而又與角幹等也鋝鍰也鄭輭輕重未聞○侔本又作牟亦作桙同莫侯反侔等也鋝色劣反又音劣鄭丁禮反或丁計反輭羊主反鍰音環又于卷反【疏】注權平至未聞○釋曰此說上九和之弓輕重相參不可妄爲加減之事云鋝鍰也者尚書云其罰百鍰之等言鍰此與冶氏言鋝鋝與鍰爲一物皆是六兩大半兩也鄭輭之輕重未聞經既無文故云未聞也爲天子之弓合九而成規爲諸侯之弓合七而成規大夫之弓合五而成規士之弓合三而成規材長○則句少也○合如字一音閤下同【疏】注材長則句少也○釋曰此據角弓形不張而言按下文及司弓矢六弓爲三等王弓弧弓往體寡來體多當此天子弓合九成規唐弓大弓往來體若一當此諸侯弓合七成規夾弓庾弓往體多來體寡當此大夫之弓合五成規於彼六弓已盡此別云士合三成規則六弓之外弊惡之弓按大射與鄉射大夫士同射五十步侯又同用夾庾無士用合三成規之弓者於此言之者六弓通弊弓有四等故弊弓暫記士

而言其實士不用合三成規之弓也材良則句少據王弧及唐大已上而言也弓長六尺有六寸謂之上制上士服之弓長六尺有三寸謂之中制中士服之弓長六尺謂之下制下士服之人各以其形貌大小服此弓疏弓長至服之○釋曰此以弓有長短三等人亦有長短三等而言取其弓與人相稱之事此上士中士下士以長者爲上士次者爲中士短者爲下士皆非命士者故鄭云人各以其形貌大小服此弓也凡爲弓各因其君之躬志慮血氣又隨其人之情性疏注又隨至情性○釋曰上文據人形爲弓此據人性故鄭云又隨其人之情性也此亦與下文爲目下別以躬與志相配而言也躬即身也志慮據在心血氣據言與擧動也豐肉而短寬緩以荼若是者爲之危弓危弓爲之安矢骨直以立忿埶以奔若是者爲之安弓安弓爲之

危矢 言損贏濟不足危奔猶疾也骨直謂強毅荼古文舒假借字鄭司農云荼讀爲舒○肉如字劉而樹反埶音勢 【疏】注言損至爲舒○釋曰此經以下說君之躬與志慮弓之所宜者也危弓則夾庾弱者爲言安弓謂王弧之類強者而言若然危矢據恒矢安矢據殺矢者也言損贏濟不足者言豐肉寬緩是不足則危弓濟之危弓爲贏則以安矢損之骨直忿埶是贏則安弓損之安弓是不足則以危矢濟之 其人安其弓安其矢安則莫能以速中且不深 故書速或作數鄭司農云字從速速疾也三舒不能疾而中言矢行短也中又不能深○中丁仲反注及下同數音朔同 【疏】注故書至能深 釋曰上文旣安危損益即於射事爲可此三安而無損益故不可 其人危其弓危其矢危則莫能以愿中 原愨也三疾不能愨而中言矢行長也長謂過去○愿音願一音元愨苦角反 【疏】注愿愨至過去○釋曰此三危亦無損弓故亦不可也云三疾不能愨而中言矢行長也長謂去者危弓危矢謂夾庾恒矢之等皆射遠兼八且危躁故矢行長過去也 往體多來體寡謂之夾

史之屬利射侯與弋射遠者用埶夾庾之弓合五而成規侯非必遠顧埶弓者材必薄薄則弱弱則矢不深中侯不落大夫士射侯矢落不獲弋繳射也故書與作其杜子春云當爲與○夾古洽反劉古協反臾音庾射食亦反注下除繳射大射小射用射外皆同獲相檗反繳射諸若反

疏注射遠至爲與○釋曰六弓兩兩相將下文王弓不言弧弓唐弓不言大弓故言之屬今此夾庾并言亦云之屬者夾庾雖並言以夾庾其類非一故亦云之屬也云射遠者用埶者謂審曲曲埶夾庾反張多隨曲埶向外弱則射遠不能深則近亦不深故射近侯用之故鄭云侯非必遠顧埶弓者材必薄薄則弱弱則矢不深中侯不落者謂弓射遠以其材弱縱射近亦不深故近侯矢但不落也云大夫士射侯矢落不獲者按大射云中離維綱揚觸捆復君則釋獲衆則否大夫士矢落侯不獲故不得用是唐大之等也云弋繳射也者按司弓矢職云夾弓庾弓以授射豻侯鳥獸者豻侯鳥獸則射侯與弋也按彼注近射用弱弓則射大侯者用王弧射參侯者用唐大矣如是君用王弧射大侯大夫用唐大射參侯士用夾庾射豻侯若然此大夫與士同用夾庾射近侯者據天子之臣多則三公王子爲諸侯者射熊侯卿大夫士同射豹侯也若然射七十步侯用唐

大其遠中侯亦不落也

往體寡來體多謂之王弓之屬利射革與質射深者用直此又直焉於射堅宜也王弓合九而成規弧弓亦然革謂干盾質木椹天子射侯亦用此弓大射曰中離維綱揚觸梱復君則釋獲其餘則否○椹張林反梱苦本反

疏注射深至則否○釋曰言王弓之屬則之屬中弧弓及王弧之輩類也云利射革與質此即司弓矢職云王弓弧弓以授射甲革椹質者亦一也云天子射侯亦用此弓不言者舉射革與質有上文弱弓射近可參故不言可知也○大射曰中離維綱揚觸梱復中謂中侯離猶過也麗也維謂侯射與左右舌一幅兩相反角亦以綱維持之而繫於柱綱謂左右舌上畔下畔以一大綱繩各繫於其柱上以持侯其綱皆出布幅一尋謂之爲綱揚觸梱復者矢高揚而過侯彼注云揚觸者謂中他物揚而觸侯也梱復謂矢至侯不著而還復復反也如此五者君則釋獲其餘則否則臣不得獲惟中乃可釋獲

往體來體若一謂之唐弓之屬利射深射深用直唐弓合七而成規大弓亦然春秋傳曰盜竊寶玉大弓

疏注射深至大弓○釋曰唐弓之外仍有大弓故云之屬也按司弓矢職云

唐弓大弓以授學射者使者勞者此不言者亦各舉一邊而言兼有彼事可知言射深用直唐弓合七而成規者則王弧之弓亦射深用直唐大合七成規則王弧之弓射深可知引春秋者定八年公羊傳文彼以陽虎爲盜竊寶玉大弓彼公羊云寶者何璋判白弓繡質引之者證大弓同也

大和無灂其次筋角皆有灂而深其次有灂而疏其次角無灂大和尤良者也深謂灂在中央兩邊無也角無灂謂隈裏〔疏〕大和至無灂○釋曰大和謂九和之弓以其六材俱善尤良故無漆灂也其次筋角皆有灂而深者筋在背角在隈皆有灂但深在其中央兩邊無也其次有灂而疏者以上參之此謂兩邊亦有但疏之不皆有也其次角無灂謂隈裏無灂蕭與及背有之

合灂若背手文弓表裏灂合處若人合手背文相應鄭司農云如人手背文理○背補內反注同〔疏〕注弓表至文理○釋曰言合灂者謂弓表裏灂漆相合之處若人合手背上文理相應

角環灂牛筋蕡灂麋筋斥蠖灂蕡枲實也斥蠖屈蟲也○環如字又戶串反蕡扶文反注同斥音尺蠖枉縛反又於郭反

枲絲子反〔疏〕注賁枲至蟲也〇釋曰此說弓表及弓裏灂故也角環灂謂隈裏灂文如環然牛筋賁灂者此說弓背用牛筋之漆如麻子文若用麋其灂文如斥蠖文云賁枲實者枲乃牡麻無實而云賁枲實舉其類爾若簞笥然也斥蠖屈屈蟲者易云斥蠖之屈以求信是也

和弓轂摩

和猶調也轂拂也將用弓必先調之拂之摩之大射禮曰小射正授弓大射正以袂順左右隈上再下一〇上時掌反〔疏〕注和猶至下一〇釋曰引大射云大射正以袂順左右隈者以左手橫執之時上隈向右下隈向左而上再下一拂去塵乃授與君大射雖不言調亦調可知也

覆之而角至謂之句弓

句於三體材敝惡不用之弓也覆猶察也謂用射而察之至猶善也但角善則矢雖疾而不能遠〇覆孚服反下皆同句劉力具反沈音鉤善本或作譱音善下同〔疏〕注句於至能遠〇釋曰此以下論弓有六材角幹筋用力多特言之若三者全善則爲尤良若一善者爲敝二善者爲次今此先察一善者至謂若餘幹筋不善直角善可以爲句弓云句於三體材敝惡不用之弓也者謂不入上三文所用之內言矢雖疾不能遠者上云射遠用埶埶是弱弓而射遠但此句弓爲弱於彼雖疾不能射遠也

覆之而

幹至謂之侯弓射侯之弓也幹又善則矢疾而遠〔疏〕注射侯至而遠○釋曰此察次弓此非直角至兼幹善謂之射侯之弓則上夾庾利近射與弋言矢疾而遠對上句弓疾而不遠不及侯者也覆

之而筋至謂之深弓射深之弓也筋又善則矢既疾而遠又深〔疏〕注射深至又深○釋曰此弓三善者也按上文唐大射深則王弧三善亦射深可知舉中以見上者也

附釋音周禮注疏卷第四十二

南昌盧氏宣旬校定

大清嘉慶二十年書
用文選樓藏本校

知南昌府張敦仁署鄱陽縣候補知州周澍栞

周禮注疏卷四十二挍勘記　阮元撰盧宣旬摘錄

附釋音周禮注疏卷第四十二

匠人爲溝洫

耜廣五寸二耜爲耦　說文〻部引周禮作枱廣五寸二枱爲耦

廣尺深尺謂之𤰝　說文〻部引周禮作廣尺深尺謂之〻倍〻謂之遂又云𤰝古文〻从田从巛今周禮作𤰝爲古文許所引作〻爲今書也鄭從古文作𤰝今本作𤰝訛倍〻謂之遂亦以義言之非本經○按段玉裁曰今說文古文〻當作籀文〻〻者古文也𤰝者籀文也甽者小篆也〻从巛皆古文

廣二尺深二尺謂之遂　唐石經諸本同釋文之隧音遂本又作遂○按隧俗字遂正字

𤰝上曰伐　漢讀考上作土云各本譌

云二耜爲耦者　監毛本耦誤偶

今之猶然也　惠挍本無之漢制考同此衍

異於鄉遂及公邑　閩監本鄉誤鄕

殷人七十而莇　余本嘉靖本毛本同閩監本莇改助非下並同閩本莇助錯見釋文莇音助

莫不善於貢　疏云孟子本爲莫不善於貢今注有無不字者蓋轉寫脫耳

年饑用不足　余本饑作飢

邦國用殷之莇法　監本莇改助下同困學紀聞引此句莇作助

稅民無藝　釋文作埶也音藝今本埶改藝脫也非

此井田則一同唯一澮　惠挍本閩本同監毛本此誤爲

子就夫稅之十一而貢　浦鏜云子當止字誤

爲溝洫貢子法與采地井田異　浦鏜云子當之字誤

龍子所謂善於助者也莫　盧文弨曰孟子注作莫善此脫

士田故謂之圭田　盧文弨曰孟子注作上田

田業多少有上中下　盧文弨曰孟子注作田萊此誤

徙謂變土易居　惠挍本變作爰盧文弨曰元本孟子作爰土孟康注漢書地理志轅田云三年爰土易居古制也爰亦訓易今本孟子作受訛

相友偶也　盧文弨曰孟子注偶作耦○按耦者本字偶者假借字

以爲廬宅園圃　盧文弨曰孟子注作園圃

是周兼夏殷莇貢也　閩本莇改助監毛本作貢助

通其事以什一爲正者　閩監毛本事作率此誤

趙岐孟子皆饒民　此句文有脫落○按當云何休注公羊趙岐注孟子皆同饒民之説

凡爲田頃十畝半閩本同誤也監毛本作一頃十二畝半是也

率指言先王按典籍萬世可通什一供貢下富上尊惠按本作章指言先王按典禮萬世可遵遵與尊韻此誤○按此章指在白圭欲二十取一章今本作先王典禮萬世可遵

通其壅塞釋文通雍於勇反此衍其雍改壅非

非謂廣深四尺其田間者惠按本其作在此誤

梢讀爲桑螵蛸之蛸諸本同釋文出螵蛸二字疏云上梢其藪亦讀從螵蛸之蛸蓋此處無桑字漢讀考作讀如

蛸謂水漱齧之溝余本嘉靖本閩本同監毛本蛸作梢按此本及閩本疏中引注亦作蛸賈云上梢其藪亦讀從螵蛸之蛸同是梢齧之義漢讀考作梢溝謂前云梢除也此云梢水漱齧義略同有溝字於文理乃

合

奠讀爲停　余本停刊去亻旁是也說文有亭無停

凡溝必因水埶　監本埶誤勢

善防者水淫之　唐石經諸本同余本淫作滛注同非也

注漱謂至之淫　閩本同監毛本謂作猶是也

里讀爲已聲之誤也　戴震考工記圖里作如字讀

言版橈也　浦鏜云言疑則字誤非也

遊猶郤也　余本郤作卻當據正下同

謂若今令甓祴也　余本閩本同監毛本祴作裓釋文作甓祴嘉靖本作辟祴按漢制考引此注及釋文作令甓祴引疏作令辟祴是賈本作辟也古甓字多作辟今金石猶有存者與嘉靖本正合

禨則塼道者也　漢制考無者此衍

車人之事

人長八尺而大節三　此本監本八誤人今訂正

頭髮皓落曰宣　葉鈔釋文作皓落云本或作顥音同劉作皓○按顥是正字說文曰顥白皃南山四顥白首人也

易巽爲寡髮　此本寡字剜改疏中標起訖及引注及兩引說卦四處寡字同當皆本作宣髮余本嘉靖本監毛本作宣髮是也惟閩本承此剜改之誤作寡髮疏中四處同今正

與人帶已下四尺半　閩本毛本已改以

欘斲木柄　余本閩監本同誤也嘉靖本毛本木作斤當據正賈疏引注作斲斤惠按本斲作斵疏同○按木字是此物名斵木亦名斫木說文曰斤斫木也此斵木爲句柄字連下讀不連上讀

一柯有半謂之磬折　程瑤田通藝錄云磬氏爲磬倨句一矩有半故曰一矩有半謂之磬折持此以度他物凡倨句之應乎一矩有半者皆以磬折名之故鞾人爲皐鼓曰倨句磬折車人内耒之庛亦曰倨句磬折而轉寫是記者乃順上文讀之遂訛矩爲柯

故因解之立磬折淺深也　惠按本解作人盧文弨曰疑當作解人

亦以磬折之故云之也　故疑當作度

車人爲耒

庛讀爲其顙有庛之庛　余本嘉靖本閩監毛本下二庛字皆作疵疏中同當據正釋文顙疵似斯反漢讀考作讀如顙疵之疵按作讀如爲是○按此用孟子之其顙有泚也鄭所見孟子蓋作玼玼或用爲疵字故轉寫作疵

若今之曲杴柄也　閩監毛本杴誤枚○按杴字是廣韻曰杴鍫屬古作㮁或作肷語斂切今正

車人爲車

以其一爲之首　余本之誤一

此車人謂造車之事　浦鏜云謂疑爲

此論載輻牙　宋本載作轂

故書博或爲摶　余本閩監本同嘉靖本毛本摶誤摶釋文或作摶徒丸反則是從專聲也

所謂牙　釋文牙本或作迓

需者在外　釋文耎者人兖反漢讀考據釋文作耎按疏云此經言車牙所宜外內堅濡之事是賈本作需訓爲濡○按賈亦用濡爲耎字

亦謂通轂空壺中幷數而言也　毛本同是也閩監本壺作壼誤

弓人

鄭知取榦以冬者　閩監毛本榦作幹

檍讀爲億万之億　諸本万作萬漢讀考讀爲作讀如

近根者奴　監本奴誤妙疏中標起訖不誤

則弓不發　唐石經諸本同惠士奇云發當爲撥戰國策弓撥矢鉤

元謂栗讀爲裂繻之裂　九經古義云毛詩東山烝在栗薪箋云栗析也古者聲栗裂同也

秋䌌者厚　○按籒文殺字作𣪠叚卽殳字轉寫譌舛乃成閃字籒文殺字見說文殳部中籒文役字作㑨亦其證也

紾讀爲抮縛之抮　余本岳本監本同嘉靖本閩毛本縛作縳釋文縳徒轉反

謂牛角㨖理錯也　閩監毛本同誤也余本嘉靖本㨖作㸷當據正釋文㸷理才苦反又七奴反○按說文無㸷字而古書多用之蓋說文角部作䚥角長也从角爿聲士角切引申用爲粗糙字而轉寫者譌其體从

牛旁

即此云瘠者惟瘦瘠　浦鏜云即疑則字誤

麷於剫而休於氣　唐石經諸本同葉鈔釋文麷作戚余本載音義同釋文剫乃老反本又作腦○按依說文當作𡿺

然可以爲弓　浦鏜云然下疑脫後

故書畏作威　閩監毛本同余本嘉靖本畏下有或字此脫當據補

元謂畏讀如秦師入隈之隈　按此讀如當作讀爲儀禮大射儀以袂順左右隈注云隈弓淵也鄭據此故讀爲隈下文凡居角長者以次需注云當弓之隈也因於此易爲隈字故下注竟作隈也

謂膠善戾　漢讀考云戾當作麗聲之誤也凡附麗之物莫善於膠

故書昵或作樴杜子春云樴讀爲不義不昵之昵　此當經文作凡

樴之類注作故書樴或作暱杜子春云暱讀爲不義不暱之暱蓋鄭本經文從今書作樴杜則從故書作暱今本經文作昵杜鄭兩家注又俱以樴爲正轉改之失顯然

筒讀爲擱然登陴之擱　葉鈔釋文擱作欄○按从木者非

還如在水涷之色也　浦鏜云涷當湅字誤○按浦此語是

斲目必荼　唐石經斲作斵下並同

注重醳治之相稱　閩本同監本之下剜擠使字毛本排入

薄其帤則需　唐石經諸本同釋文則需人兖反下注罷需同

帤讀爲襦有衣絮之絮　漢讀考作衣絮之絮云此讀爲乃讀如之誤

帤謂弓中裨　葉鈔釋文裨作陴

需襦不進　浦鏜云襦疑懦字誤

不皆約纏之繳不相次也皆約則弓帑侔猶均也漢讀考云此注脟譔疑當云皆約纏繳之不相次也不皆約則弓帑侔侔猶均也○按不相次是釋皆字侔是釋不皆皆者有堆垛之迹不皆者無堆垛之迹也

云摩其角謂幹不均而有高下則摩其角盧文弨曰此疏釋下經當在下節疏之首

是謂逆橈唐石經諸本同嘉靖本橈作撓監毛本注中亦作撓古從木之字往往訛變作手旁

元謂桓讀爲揯揯竟也釋文及諸本皆作揯從手漢讀考云桓訓竟見說文木部詩亘之秬秠字作亙方言絚竟也字作絚古同音通用

竟其角而短于淵幹按于當作於下注云長於淵幹作於可證

譬如終紲閩監本同唐石經嘉靖本譬作辟余本毛本作辟按釋文作辟如云音譬下注變辟同或房赤反然

則不當作譬矣

紲弓䪐 諸本同釋文䪐音祕監毛本誤⿰革必下仍作䪐

則送矢太疾 閩監毛本同誤也此本太字係剜改宋本嘉靖本太作不當據正經云非弓之利也疏云謂弓在䪐中然非弓之利皆不疾之謂蒲鏜云詩小戎正義引作不疾○按不疾是也

又繩橫縏之使相著 閩監毛本著改着俗字

茭讀爲激發之激 漢讀考云讀爲當作讀如此擬其音非易其字故下文仍作茭

茭讀如齊人名手足掔爲骹之骹 釋文足掔鳴喚反漢讀考掔作擘按說文掔手掔也揚雄曰掔握也从手臤聲烏貫切隸書訛作掔則不得其形聲矣

變謂簫臂用力異 閩監本簫誤从卄嘉靖本臂作辟下同 釋文蕭辟如字下文同本或作辟一音房赤反

剽讀爲湖漂絮之漂 漢讀考云當作讀如擬其音也

引如終紲非弓之利 唐石經下有也字石經考文提要云宋本九經宋纂圖互注本宋附釋音本余仁仲本皆作非弓之利也

撟角欲孰於火而無燂 閩監毛本同誤也唐石經余本嘉靖本燂作燂當據正釋文亦作燂今正

鬻膠欲孰而水火相得 嘉靖本同誤也唐石經余本閩監毛本鬻作鬻當據以訂正釋文鬻膠章呂反閩監本孰誤角

然則居旱亦不動 監本旱誤早

字從燂 漢讀考云字宜作當

弛之乃有五寸 閩監毛本弛改弛下同

㦸讀如𡴭距之𡴭重𡴭之𡴭 閩監本同誤也余本嘉靖本毛本重作車今正當據正岳

本䡖距誤棠又脫車䡖二字盧文弨曰釋文出經棠之爲音云注同不爲䡖別作音知舊亦必本是棠字䡖字俗漢讀考云四䡖字皆棠之誤說文棠歫也棠古本音堂車棠亦作車樘說文鋻車樘結也

幹不勝筋謂之參均 諸本同唐石經之下有不字此蓋據司農說誤加賈疏云先鄭從古書爲稱者欲以不稱爲不參均後鄭不從蓋經文本無不字也

當言稱謂之不參均 漢讀考云此注有脫字應云謂之參均當言謂之不參均因兩謂之複而脫六字

後又按角勝二石 浦鏜云按疑加字訛非也此按猶今人言安也安即加也

膠三鋝之十四 戴震云鋝當作鍰一弓之膠三十四銖三十五分銖

漆三斞 唐石經諸本同漢讀考云說文斗部斞量也引周禮桼三斞今說文各本桼訛作求此可證今周禮漆字皆非古

材長則句尐也 余本閩本同此本疏中標注亦作材長誤也嘉靖本監毛本長作良當據正疏舉注語亦作良

無士用合三成規之弓者 惠挍本無者此衍

言損羸濟不足 閩監本同余本嘉靖本毛本羸作嬴疏中諸本皆作嬴

荼古文舒假借字鄭司農云荼讀爲舒 岳本脫古文至云荼十一字

此三危亦無揁弓 惠挍本作損濟此誤

揚觸捆復 余本岳本嘉靖本閩本同葉鈔釋文亦作捆從木監毛本從手疏同

故不言可知也大射曰 閩本同監毛本也下有云

離猶過也麗也 浦鏜云獵訛麗從大射注挍

璋判白弓綉質 浦鏜云繡誤綉

其次有灂而疏　唐石經其次下有角字按釋曰其次有灂而疏者以上參之此謂兩邊亦有則疏意蒙上筋角皆有灂是賈疏本無此角字故經下始言角也石經此角誤衍補鑴據增非

鞴與及背有之　閩本同誤也監毛本與作頭

此說弓表及弓裏灂故也　閩本同監毛本故作文

上隈向右　宋本右作君

乃授與君　宋本君作右

至猶善也　釋文作猶譱云本又作善下同岳本此亦作善下但角善以下俱作古譱字非

若一善者爲倣　毛本同監本倣誤蔽閩本此疏以下缺

則上夾庾利近射與弋　補鏜云射下脫侯按經云利射侯與弋此言近射故不言侯省文非脫也補按此類今皆不用

周禮注疏卷四十二挍勘記終

南昌袁泰開挍

傳古樓景印

“四部要籍選刊”已出書目

序號	書名	底本	定價 / 圓
1	四書章句集注（3 冊）	清嘉慶吴氏刻本	150
2	阮刻周易兼義（3 冊）	清嘉慶阮元刻本	150
3	阮刻尚書注疏（4 冊）	清嘉慶阮元刻本	200
4	阮刻毛詩注疏（10 冊）	清嘉慶阮元刻本	500
5	阮刻禮記注疏（14 冊）	清嘉慶阮元刻本	700
6	阮刻春秋左傳注疏（14 冊）	清嘉慶阮元刻本	700
7	杜詩詳注（9 冊）	清康熙四十二年初刻本	450
8	文選（12 冊）	清嘉慶十四年胡克家影宋刻本	600
9	管子（3 冊）	明萬曆十年趙用賢刻本	150
10	墨子閒詁（3 冊）	清光緒毛上珍活字印本	150
11	李太白文集（8 冊）	清乾隆寶笏樓刻本	400
12	韓非子（2 冊）	清嘉慶二十三年吴鼒影宋刻本	98
13	荀子（3 冊）	清乾隆五十一年謝墉刻本	148
14	文心雕龍（1 冊）	清乾隆六年黄氏養素堂刻本	148
15	施注蘇詩（8 冊）	清康熙三十九年宋犖刻本	398
16	李長吉歌詩（典藏版）（1 冊）	顧起潛先生過録何義門批校清乾隆王氏寶笏樓刻本	198
17	阮刻毛詩注疏（典藏版）（6 冊）	清嘉慶阮元刻本	598
18	阮刻春秋公羊傳注疏（5 冊）	清嘉慶阮元刻本	298

序號	書名	底本	定價 / 圓
19	楚辭（典藏版）（1 册）	清汲古閣刻本	148
20	阮刻儀禮注疏（8 册）	清嘉慶阮元刻本	398
21	阮刻春秋穀梁傳注疏（3 册）	清嘉慶阮元刻本	164
22	柳河東集（8 册）	明三徑草堂本	398
23	阮刻爾雅注疏（3 册）	清嘉慶阮元刻本	164
24	阮刻孝經注疏（1 册）	清嘉慶阮元刻本	55
25	阮刻論語注疏解經（3 册）	清嘉慶阮元刻本	164
26	阮刻周禮注疏（9 册）	清嘉慶阮元刻本	480

圖書在版編目（CIP）數據

阮刻周禮注疏 /（清）阮元校刻. -- 杭州 : 浙江大學出版社， 2021.12
（四部要籍選刊 / 蔣鵬翔主編）
ISBN 978-7-308-22008-8

Ⅰ. ①阮… Ⅱ. ①阮… Ⅲ. ①禮儀－中國－周代②官制－中國－周代③《周禮》－注釋 Ⅳ. ①K224.06

中國版本圖書館 CIP 數據核字（2021）第 234478 號

阮刻周禮注疏
（清） 阮元 校刻

叢書策劃 陳志俊
叢書主編 蔣鵬翔
責任編輯 胡 畔
責任校對 吴 超
封面設計 温華莉
出版發行 浙江大學出版社
（杭州市天目山路 148 號 郵政編碼 310007）
（網址：http://www.zjupress.com）
排　版 杭州尚文盛致文化策劃有限公司
印　刷 浙江海虹彩色印務有限公司
開　本 850mm×1168mm 1/32
印　張 84.5
字　數 775 千
印　數 001—800
版印次 2021 年 12 月第 1 版 2021 年 12 月第 1 次印刷
書　號 ISBN 978-7-308-22008-8
定　價 480.00 圓（全九册）

浙江大學出版社市場運營中心聯繫方式：(0571)88925591;http://zjdxcbs.tmall.com